高等教育管理与实践应用

曹留成◎著

吉林大学出版社

·长春·

图书在版编目（CIP）数据

高等教育管理与实践应用 / 曹留成著. -- 长春 ：
吉林大学出版社，2022.8
ISBN 978-7-5768-0407-2

Ⅰ.①高… Ⅱ.①曹… Ⅲ.①高等教育－教育管理－
研究 Ⅳ.①G640

中国版本图书馆CIP数据核字(2022)第165098号

书　　名　高等教育管理与实践应用
　　　　　　GAODENG JIAOYU GUANLI YU SHIJIAN YINGYONG
作　　者　曹留成 著
策划编辑　李伟华
责任编辑　吴亚杰
责任校对　杨宁
装帧设计　左图右书
出版发行　吉林大学出版社
社　　址　长春市人民大街4059号
邮政编码　130021
发行电话　0431-89580028/29/21
网　　址　http://www.jlup.com.cn
电子邮箱　jdcbs@jlu.edu.cn
印　　刷　湖北诚齐印刷股份有限公司
开　　本　880mm×1230mm　　1/32
印　　张　7.75
字　　数　170千字
版　　次　2022年8月　第1版
印　　次　2022年8月　第1次
书　　号　ISBN 978-7-5768-0407-2
定　　价　68.00元

作者简介
AUTHOR

　　曹留成(1975.02—),男,汉族,河南泌阳人,研究生学历,职称是副教授,研究方向是教育基本理论和高等职业教育。2004.09—2007.07在河南大学学习;2007.09—2009.03在驻马店广播电视大学工作;2009.03—至今在驻马店职业技术学院工作。2016年11月被评为驻马店市优秀青年社科专家;2017年10月被评为驻马店市学术技术带头人;2019年6月被评为河南省教育厅学术技术带头人;近五年,参与并主持省(部)级教科研课题6项,主持完成河南省教学质量工程项目1项,主持完成市厅级课题5项,在核心期刊发表论文5篇。

前　言
PREFACE

　　一个国家高等教育发展的水平，决定着这个国家教育整体的发展高度，对社会发展的其他许多方面也有着直接影响。创新型国家建设与和谐社会目标的确立，科学发展观的实施与和谐文化的提出，为我国高等教育发展提供了新的历史机遇。高等教育管理的研究范式是指高等教育管理研究共同体对高等教育管理研究的本体论、认识论和方法论的基本承诺，是他们所一致接受并遵循的问题、理论和方法的集合，并用于指导高等教育管理研究实践。当今世界已经进入全球化深入发展的时代。高等教育也正以前所未有的深度和广度融入全球化的浪潮中。全球化正对高等教育管理的方方面面产生着深刻的影响。全球化背景既给中国高等教育管理发展带来了机遇与挑战，也为中国高等教育质量提升带来了新的契机。构建具有中国特色的高等教育质量评价体系，有利于提高高等教育质量，推动高等教育发展。

　　我国高等教育主要在中华人民共和国成立以后才有所发展，特别是改革开放以来，其积累和发展速度、成就以及影响之大为世人所瞩目。随着我国高等教育大众化提速，高校大量合并，高校招生体制改革引发了一系列问题，高等教育管理也面临着前所未有的挑战。同时，创新型国家建设与和谐社会目标的确立，科学发展观的实施与和谐文化的提出，也为我国高等教育发展提供了新的历史机遇。从一定意义上说，一个国家的高等教育管理理论研究的发展状况折射并且决定着该国高等教育管理实践的整体水平。改革开放以后，我国才真正开始系统地进行高等教育管理研究并把它看作一门学科。从起步到成长，从摸索到明确，从经验总结到理论创建，我国高等教育管理学的发展踏过了一条不平坦之路。我国在高等教育管理的研究上，历经了经验总结与政策阐释到理论探索以及理性研究的发展阶段，走上了高等教育管理学学科建设与研究的正轨，涌现了一批特有的、标志性的研究成果。

因此，我们不仅要在新增劳动力受教育年限、每万名市民中在校大学生的人数、同龄青年中接受高等教育的比例等指标上努力向现代化的要求迈进，还要在人才培养和智力支持等方面使高等学校进一步满足经济建设和社会发展的要求。这就要求我们不断研究新情况，积极解决新问题，加强管理和教育，做到以培养人才为中心、以转变教学思想和观念为先导，以教学内容和课程体系改革为重点，全面深化教学改革，全面提高人才培养质量。

目 录
CONTENTS

第一章　高等教育管理概述

第一节　高等教育管理的基本概念

一、管理的一般概念

管理一般是指在特定的环境下,对组织所拥有的资源进行有效的计划、组织、领导和控制,以便完成既定的组织目标的过程。学科体系的理论研究中提到过,管理是人们依据社会发展的客观规律和在特定历史条件下对各种规律的表现方式进行有意识的调节社会系统内外的各种关系和资源,以便达到既定的系统目标的过程。很显然,这两个方面的表述并不矛盾,只是表述的方式稍有差别而已。前面的表述直接一些,比较简练直观,后面的表述比较宏观一些,从社会系统的角度和方法进行表述。

管理的含义包括以下三个方面的内容。

第一,管理是为实现组织目标服务的,是一个有意识的、有目的的活动过程。管理是任何组织不可或缺的,但绝不是孤立存在的。只要有组织及其活动,就存在管理问题。就管理本身而言,管理不具有自己的目标,不存在为管理而管理,没有活动也就不存在管理问题,管理是依附于活动而存在的,组织活动的目标就是管理的目标,而管理是服务于组织目标的。

第二,管理活动是通过一系列相互关联的资源要素进行的,管理工作就是要综合运用组织中的各种资源要素,通过计划、组织、控制等来实现组织目标,达到活动的目的效果,这就成为管理的基本职能。

第三,从管理本身来讲,管理活动应该按照自己的规律进行,但是,现实管理活动中的资源并不是孤立存在的,管理工作是在一定环境条件下进行的,管理是一种社会活动,有效的管理必须充分考虑组织的特定环境。

"一般管理理论"最早诞生在法国。当泰勒及其追随者正在美国研究和倡导生产作业现场的科学管理原理和方法的时候,大西洋彼岸的法国诞生了组织管理的理论,被后人称之为"一般管理理论"或者"组织管理理论"。与泰勒主要研究基层作业的管理理论不同的是,"一般管理理论"是站在高层管理者的角度研究组织管理问题。在此基础上,现代管理理论的研究发展得很快,形成了许多管理的经典理论和理论体系。根据研究管理的对象不同,可分为广义的管理和狭义的管理。广义的管理可以是针对大自然中的万事万物的管理,狭义的管理只是针对某项具体活动,以及这些活动中的资源所进行的计划、组织、领导、控制。一般我们研究的管理是指狭义的管理,是指组织管理、行为管理、活动的管理。活动的结果,实际上是人的能动性的结果,管理的实质是人,是管理者与被管理者之间发生的矛盾的解决。既然这样,那么,管理就是管理者、被管理者、事项三方形成的特定的活动。

对于管理的分类,现代管理一般可以从多个方面来进行划分。一是从活动的规模与大小可以分为宏观管理和微观管理,二是从具体的活动的内容可以分为综合管理和专项管理。另外,从管理的形式上,又可以分为紧密管理和松散管理。当然,这些区分也只是相对的。

二、管理的基本理论

管理的基本理论是很多的,特别是随着现代社会的发展,人们的认识水平的不断提高,社会活动的不断丰富,社会财富与利益驱动机制更加强烈,新的管理理论在创新、在发展。而系统管理理论、人本管理理论、目标管理理论、标准化管理理论、组织管理理论、模糊管理理论、混合管理理论等只是众多管理理论中的一部分,他们既是管理的理论,也是管理的思想和方法。

(一)系统管理理论

系统管理理论指出,管理的任务就是协调系统中的各个子系统以及系统要素,以保持系统的动态平衡,取得系统最佳运行效果。这种管理理论及其方法的核心是把管理作为一个整体的系统,系统就要有系统要素,系统要素就是人、物、活动及其项目。这种管理理论和方法一般应用在大的军事战略、建设工程、大型活动(内容复杂、组织规模大、投入量大、长时间与长周期)较为合适。当然,这些也只是相对的,因为大和小本身就是相对的。

(二)人本管理理论

人本管理理论和方法是以人为中心的管理,实际上,这种管理理论与方法是最难做好的,如果把握不好,甚至有时候还会出现偏颇。有效的人本管理实质是人的权力的利用和利益的分配,在这个过程中,既要尊重人,又要让人的潜能充分发挥,是一对很特殊的矛盾。以人为本的管理目的就是发掘人的最大潜能,这种潜能并不完全是指被管理者的,同时也包括管理者。管理者的潜能是工作的积极性和表现出来的工作效益,被管理者的潜能是管理者的思想和艺术施加结果的体现,二者的结合才能达到管理的最大效果。人本管理理论虽然是一个相对比较早的管理理论,但是在实践中应用得并不是很多很好。究其原因,传统的、单纯的人本管理理论十分强调管理的"人"这个素质,可以说,低素质的人是绝对运用不好人本管理理论的,一个管不好自己的人同样也是管理不好别人的,更不用说有效地运用好人本管理理论。不过,现代的人本管理理论加入了一些新的元素,在人本管理中加入制度管理,人本管理加制度,形成一种新的意义上的人本管理理论,可以说是现代的人本管理理论的发展。

(三)目标管理理论

目标管理理论和方法是一种与利益相关联的刚性管理模式。这种管理理论和方法实际上是与价值理论密切相关的,甚至可以说是以价值理论为基础的。要有一个预先设置的价值目标,然后以这种价值目标的实现为核心展开管理活动。价值目标的认同是关键,是目标管理的前提。价值目标的确立也是十分重要的,价值目标必须通过全体成员认同。目标管理理论强调组织目标的制定要得到所有组织成员的认同,没有认同感的组织目标是不切实际的目标,是难以达到组织目标的。有人说目标管理只是注重结果,这是十分错误的,最新的目标管理理论不仅仅是注重管理活动的一头一尾,除了最先确定价值目标、最终对完成价值目标的检验结果外,还对过程实施严格监督,让目标按既定的方向完成。既成事实不是目标管理的目的,要让管理者与被管理者通过共同努力,一步一步向既定目标靠近。实现以价值目标为中心的目标管理活动,是一种刚性的量化管理,因此执行也是刚性的。目标管理理论除了注重价值目标外,具体的应用还有一个公平理论问题,这是由目标管理理论的刚性所决定的。

(四)标准化管理理论

这种管理理论和方法是在专业化管理的基础上,由管理者组织专家制定管理的标准,要通过一定的法律法规程序予以确定。这种管理的思想十分明确,最朴素的道理就是"没有规矩不能成方圆"。标准化管理虽然是组织和专家行为,但标准并不是武断和空穴来风,既要有权威性,又要有社会基础和群众基础,通过科学的过程来制定。在这一过程中有两个十分重要的环节,一个环节是标准的制定,另一个环节是标准的执行。在管理活动中,有了标准不好好地执行,或者执行起来走样,必将导致标准化管理的全面失败。当然,这不是标准化本身的问题,是实施标准化管理的实践问题。

(五)组织管理理论

组织管理理论和方法的实质是最高决策层通过设置管理的各级组织,规定各级组织的职能,通过领导核心、组织授权、组织实施等进行的管理。组织管理的重点是组织结构的设计,关键是组织职能的授权。同时,也有人把它归结到组织的层级管理理论、组织的能级管理理论、组织的行为管理理论。组织管理理论要有严密的组织结构,要有明确的组织目标和组织功能,同时,要有一套有效的组织运作机制,否则,再好的科学组织,再完善的组织功能,没有好的运作机制也不可能活起来,甚至会导致组织管理活动不能有效地展开。

(六)模糊管理理论

这是一种现代的管理思想和方法,特别是在软管理方面,运用模糊数学的管理思想与技术进行管理。这是一种在高层次的人群中实施的行为管理,是一种软性管理。简单管理没有必要运用模糊管理,一般是在复杂的、庞大的、中长周期的、高智商的管理活动中实施。

(七)混合管理模式

实际上,在我们通常的组织活动中,特别是比较大的组织系统中,运用得比较多的是混合管理模式。混合管理是多种管理思想和方法的组合,在大型组织中,管理的内容又比较复杂,头绪又很多,多种活动项目的性质差距较大,运用某一种方式来进行全盘的统领往往是不可能的,这就需要运用混合管理的理论和方法来完成。

三、高等教育管理概念

根据高等教育的目的和发展规律,调配高等教育资源,调节高等教育系统内外的各种关系,进行有效的计划、组织、领导和控制,以便达到既定的高等教育系统目标的过程。这是通常给出的高等教育管理的定义。

从教育管理的层面上讲,高等教育是中等教育基础之上的教育,因此,它是指高等教育这一特殊的专业层面上的管理。

从管理的分类上讲,也可以分为宏观高等教育管理和微观高等教育管理。从管理的内容上讲,可以分为宏观高等教育管理中的战略规划管理、宏观调控管理,微观高等教育管理中的教育组织内部的具体的教育管理活动。

从定义分析,高等教育管理具有三层含义。

第一,高等教育管理的依据。高等教育管理的概念首先指明了高等教育管理活动的依据是高等教育的目的和发展规律。高等教育的目的是为社会提供各级各类高级专门人才,各级各类高级专门人才的教育是指:在类别上为普通高等教育;成人高等教育:在性质上分为公办高等教育;民办高等教育:在层次上为专科教育,本科教育,研究生教育。这些教育的目的和目标是管理的根本依据。高等教育受到学生身心发展的影响,通过德育、智育、体育、美育等过程,培养全面发展的人,只有把人作为社会关系的总和来看待,才能对人的发展有全面的理解。因此,各级各类教育过程都有其自身的客观内在规律,只有正确认识它们的客观规律,才能实施科学的管理。高等教育必须受到一定社会的经济、政治,文化所制约,并为一定的经济、政治、文化发展服务。因此,生产力和科学技术的发展水平,社会的制度、文化传统都对高等教育活动产生制约;无论是国家宏观的高等教育发展政策的制定,还是高等学校培养人的过程,都必须遵循高等教育的目的和高等教育发展的客观规律。这也是高等教育管理的出发点。

第二,高等教育管理的任务。高等教育管理的概念指出了高等教育管理的任务,那就是有意识地调节高等教育系统内外各种关系和高等教育资源,以适应高等教育系统发展的客观规律。从一个国家或者地区来讲,高等教育系统是国家或者地区社会系统中的一个子系统,从高等教育组织系统来讲,高等学校也是一个社会子系统。由于系统中存在着多种矛盾,因此,高等教育管理的任务就是协调并最终解决系统中存在的矛盾。在高等教育管理中,要用系统论的眼光来设计高等教育的整体和各部分之间、要素与要素之间、学校系统与外部环境之间、学校系统内部的子系统之间的相互关系,树立整体的观念,并通过有效的管理实现系统要素间的整体优化。

第三,高等教育管理的目的。高等教育管理的概念还指明了高等教育管理的结果是不断促成高等教育系统目标的实现[①]。高等教育管理的目的最终也只是高等教育目的的一种辅助性(工具性)目的。在高等教育系统中,培养人的目的是高等教育的根本目的,高等教育系统的一切工作(包括管理工作)都必须围绕这一目的展开,对高等教育系统中各种关系和资源的协调构成了高等教育管理的目的,它的目的是通过有效的管理,确保高等教育实质性目的的实现。因此,高等教育管理最终也只能是手段。当然由于高等教育管理有其自身的需要,其自身也有目的,如效率就是管理的目的之一,但它是通过有效的管理来保证高等教育目的有效实现的。

综上所述,不论是宏观的高等教育管理还是微观的高等教育管理,所依据的是国家的教育方针,组织的发展目标,活动的制度规则,高等教育的基本规律,社会政治、经

[①]当智吉. 教育管理信息化建设[J]. 商业文化,2021(35):54-55.

济、文化的发展背景与环境,通过立法的、行政的、经济的、市场的等手段进行协调和控制,保证高等教育人才培养质量、推动科学文化知识创新、促进社会进步等目标的实现,最终实现高等教育的可持续发展。

第二节 高等教育管理的特点

事物之间的区别在于它具有一定的特点,有其特殊性。了解了高等教育管理的特点,我们就能遵循它的本质规律,有针对性地协调管理活动中的各种矛盾,清醒地驾驭各种管理活动。

一、高等教育管理目标的特殊性

高等教育系统目标的特殊性决定了高等教育管理目标的特殊性。高等教育系统的主要目标是根据高等教育的功能来确定的,因此,其对管理的功能与目标相应地提出了它的特定要求。高等教育管理的功能就是要通过计划、组织、协调、控制等使高等教育更加符合社会发展的要求,符合社会生产力的要求,这种要求表现在教育的层次、结构、规模、质量等方面的目标。另外,在微观方面,高等教育管理要使组织中的每个成员按高等教育规律办事,更好地完成既定的目标。高等教育系统的目标是根据高等教育规律和社会发展对高等教育的需求来制定的,所以,高等教育系统的协调活动也应该以高等教育的规律为指导,而不能简单地、照抄企业管理中的某些方式方法。从这个意义上说,高等教育的微观管理是以更好地培养人才并且着眼于提高人才的质量为根本目标的管理活动,它不能、也无法以只追求经济效益(更不能以追求利润为目的)为目标。在市场经济体制下,高等教育要不要考虑经济效益的问题,一直以来都是政府行政管理部门和管理工作者闭口不谈的问题,好像一谈经济效益就乱,就偏离教育方向,而不谈经济效益的结果就是"死"。因为,在市场经济体制下没有不讲经济效益的组织,没有不讲经济效益的管理活动。与行政管理、企业管理等其他管理所不同的是,如何将社会效益和经济效益有机地结合,纳入高等教育管理的目标中,正确地处理好社会效益与经济效益的关系,是高等教育管理工作者值得研究的,这也正反映了高等教育管理目标的特殊性。

高等教育管理具有两个最基本的目标功能:一是尽其所能地将系统内的各种关系和资源凝聚起来,形成一个整体,这也就是管理的"维系"功能;二是最大限度地围绕系统的整体目标,发挥要素的主动性、积极性,更好地实现高等教育系统的整体目标,这也就是管理的"结合"功能或"放大"功能。高等教育系统是由有关教育行政机关和各级各类高等学校所组成的系统,它的结构与功能与其他社会系统有所不同。高等教育在同其他社会系统进行物质、能量和信息交换的过程中,在为社会提供的精神产品的同时,也提供物资产品。[①]这种物资产品表现在劳动力方面、科学技术成果方面、现代文明与文化产品方面,也可能形

---

①贾俊菊,张树国. 创新高等教育管理培养高素质人才[J]. 中国人才,2011(14):235-236.

成工业产品。高等教育系统是最具创造力的社会系统,通过各成员、各要素主观能动性的发挥,可以最大限度地实现"系统大于部分功能之和的效果"。但反过来,如果教育者及教育资源中的人的主观能动性发挥不好,这比其他任何社会系统都更有可能制约生产力的发展。所以,高等教育管理者要充分认识到这两大功能的特殊性,并注意将此二者有机地结合起来,用凝聚力推进整体的结合力,用系统的发展加强整体的凝聚力。

二、高等教育管理资源的特殊性

　　不论是宏观高等教育管理还是微观高等教育管理,高等教育管理资源要素的特殊性具体表现在三个方面。第一,这是由一群高级知识分子组成的特殊的群体,组织及其成员的特殊性就构成了要素的特殊性。从高等学校管理的主体和客体来看,即管理者和管理对象两个方面看,组成高等教育系统的主体要素之一是教师,是创造和掌握专门知识的群体。因此,对他们的管理要符合这一群体的心理活动和以个人脑力劳动为主的集体性活动的特征。另外一个高等教育系统的主体性成员之一是学生,是一群18岁以上、受过完全中等教育的青年,对他们的管理和协调方式要符合他们身心发展阶段的特殊性。正是由于高等教育系统组成人员的特殊性,管理中存在着一种特殊的管理现象,这种现象强调和要求自我管理。应该说,自我管理是任何管理中都存在的一种现象,但是,在高等教育管理中,自我管理尤为重要,这是一种身心和智力发展的自我管理,他们需要学到或养成自我管理、自我组织、自我发展的能力。他们的心理特征也表明,在教育过程中,完全有必要让其发挥自我组织管理的能力,才能更好地促进发展。所以,管理对象是高等教育管理要素最重要的特点。第二,教育投资与经费的管理是一项复杂的工作,因为它的用途是复杂的,有时候还不能用绝对的量化管理来处理,有时候投入产出还不能短期内就能见到成效,经济回报率可能很低。这就是高等教育的经费管理有别于企业管理、行政管理、经济管理等的特殊性。第三,教学与科研的物资设备的管理特殊性,表现在这类资源不完全是生产性资源,这些物资设备是建立在教学科研功能上的,是为了完成教育教学实验实习、科学研究开发等,它不仅仅是一套设备,可能是一个教学实验和科学研究的基本平台。

高等教育资源的特殊性构成了高等教育管理的特殊性。高等教育资源是指整个社会用于教育领域中的人力、物力和财力以及知识产品、文化产品等的总和,有效的、可利用资源是指高等教育的主办者对高等教育的投入所形成的资源,主要表现在经费投资方面。社会用于教育资源的来源又与社会中的区域发展相关联,与政府对教育的投资相关联,教育是一种事业投资,但是它又不仅仅是纯粹的事业投资,因为它的投资对象决定了其不可能完全是事业投资,事业投资的对象主要是对针对公共事业,公共事业是针对大众的,基本上所有的民众都可以享受到。而高等教育的对象群体不是单纯的享受公共事业的群体,毕竟当高等教育还没有达到普及化的时候,高等教育就不可能是一种完全的事业行为,虽然高等教育的结果是回报了社会。但是,受教育者只是整个社会群体中的一部分,不能代表整个社会,那么,为什么不能普及高等教育,这是由高等教育的资源的有限性决定的,这些资源又受到整个社会政治、经济的发展所制约。所以,从一个方面讲,高等教育的投入来自政府、学生家长、学校自身和社会的多方融资,这构成了投资的特殊性,也决定了高等教育资源的特殊性。马克思指出:"要改变一般的人的本性,使他获得一定劳动部门的技能和技巧,成为发达的和专门的劳动力,就要有一定的教育或训练,而这就得花费或多或少的商品等价物。"①要进行教育活动,首先需要从社会的总劳动力中抽出一部分劳动力,就是说从事教育的劳动者和进入劳动年龄的受教育者,他们要消耗一定的学习资源、生活资源,还必须有一定的物质技术条件,如校舍、图书、仪器设备等。由于高等教育财力资源不是自然资源,也不是通过生产方式就可以生产制造出来的,而是要通过长时间打造和培育出来的,随着社会的发展与需求逐步形成的。资源的有限性,在满足了人的再生产以及所需要的物质再生产以后,社会所能用于教育的资源就很有限了,难以满足社会和个人对教育的需求,这也是教育管理中的一对特殊矛盾。因此,如何去获得更多的教育资源,如何有效地使用稀少的教育资源,就成为社会领域和教育领域共同关心的问题。高等教育资源投资的特殊性构成了高等教育管理资源的特殊性。

三、高等教育管理活动的特殊性

从宏观高等教育管理来看,高等教育事业具有很强的战略性、前瞻性。高等教育的管理活动整体的发展规划关

①马克思.教育名言[J].山东教育,1996(21):1.

乎长远的社会民生问题,需要许多专家系统来完成,活动的内容涉及民族文化、区域经济、人口发展、科学技术水平、社会环境等。从微观高等教育管理来看,高等教育管理活动的特殊性体现在高等教育组织管理的活动中,最主要的表现特点之一就是要协调学术目标与其他目标之间的矛盾。学术目标是一种高智力投入和高智力劳动的追求,除了个体的高智力劳动外,同时还要强调高智力劳动的结合、高智力劳动者的团结协作。高等教育系统的主导性活动是传授知识、创造知识,高等教育所培养的各类专门人才和高等学校所提供的各种科技成果主要是通过学术水平和应用价值的高低来衡量的,管理活动的学术性十分强,而这种学术性不可以用一般行政性的方法进行管理。因此,学术目标的组织、协调、实现等是高等教育管理活动中的特殊矛盾,这就要求高等教育管理活动一定要重视学术这一特殊目标,使这一特殊的管理目标与学术目标相符合。高等教育组织中的教学活动是教与学的双边关系,高校师生是一个特殊的群体,在完成教学目标和管理目标的过程中,师生参与到具体的教学管理活动,达到双边认知认同,教学民主就显得更加重要。大学教职工是高等教育系统中能动的力量,是实现高等教育管理目标的智慧源泉,要发挥他们的智慧和力量,学术自由是高等教育管理必须考虑的问题。高等教育系统中实行学术民主将激发师生员工极大的能动作用,使大家从信任中受到鼓舞,在学术自由的平台上施展自己的才华,在学校的管理活动中真正成为中坚力量。

第三节 高等教育管理的本质属性

一、高等教育管理的行为

(一)管理行为

管理活动中的行为具有其特殊的表现形式,它是管理过程和效果的具体体现过程和效果,反映了管理活动的基本特征。那么,要认识管理的这些过程及效果,必须首先分析管理行为,以及这些行为与效果有什么关系。

管理方格理论是由罗伯特和穆登提出来的。基于人们对主管人员的一种要求,即不仅要关心生产而且要关心人的重要意义,他们巧妙地设计了一个方格图以醒目地表示这种"关心"。

他把这种方格图作为训练主管人员和明确各种领导方式之间不同组合的手段。这种方格有两个维度,横向维度是"对生产的关心",纵向维度是"对人的关心"。

"对生产的关心"一般认为是对工作所持的态度,诸如政策决定的质量、程序与过程、研究的创造性、职能人员的服务质量、工作效率以及产品质量等。

"对人的关心"也包括许多因素,诸如个人对实现目标所承担的责任、保持下属的自尊、建立在信任而非顺从基础上的职责、保持良好的工作环境以及具有满意的人际关系等。

曾有人列出了以下几种类型的领导方式。

第一种,贫乏的管理。为完成工作和保持组织士气所需要的最低限度的努力。这种主管不够关心职工和生产,他们只以最少的努力去完成应做的工作。这种管理是很少见的。

第二种,权威与服从管理。以几乎不考虑人的因素影响的方式安排工作,获取效率。领导只关心生产,他试图把人的因素降到最低程度,以达到完成生产任务、提高效率的目的。

第三种,乡村俱乐部管理。周到地注意人们的需要而促成友善和舒畅的组织气氛与工作进度。领导者非常注重职工的需要,注意建立良好的人际关系。这种领导认为,只要职工心情舒畅,生产就能搞好。由此,他们试图通过创造良好的工作环境、良好的人际关系来提高工作效率。

第四种,协作管理。这是一种松散的管理模式,领导者以一种协作者的心态,把工作交由所委任的人完成,他们因在组织目标上有共同利害关系而互相依赖,互相信任和尊重,并且相互协作。

根据管理方格的概念,领导者可以对自己的行为作出评价。但是它并不告诉我们,为什么一名主管人员会处于方格图中的此处或彼处。需要指出的是,"最好的"方式也只是从理论上说的,如果领导者都成为理论上的那样的人也是困难的,每个领导者都应根据不同的环境和因素,选择不同的管理方式和管理行为。

(二)行为类型

在教育行政管理中。哈尔平等人总结出的管理的内容大致有两类:一类是创建组织机构的行为(为了实现组织的目标),二是体贴关心下属的行为。[①]哈尔平的分类体系在西方教育行政管理中是很著名的。创建组织机构的行为是指领导者在描述自己与集体成员之间的关系时,致力于建立被充分限定的组织的类型、建立信息交流渠道以及具体实施过程中的所作所为。这主要包括领导者为实现组织目标而与下属的各种相互作用,让下属了解自己的意图和态度;与下属一起实验或实施自己的新想法和新计划;指定下属去完成某些特定的任务;对工作进行检查和评价;制定推行某些标准、制度和规范;促进下属之间的相互合作等。体贴关心下属的行为是指领导者在与下属的相互关系中表示友谊、相互信任和尊重、温暖、支持、帮助以及合作的行为。对下属表示理解与支持;愿意倾听下属的意见;关心下属的个人利益;尽量与下属讨论商量问题,让他们参与组织计划;平等公正地对待下属;乐意进行改革;及时将下属的建议付诸实施等。

(三)高等教育管理中的领导行为

高等教育管理中的领导行为是一种主要的管理行为。这种管理行为同样地可以分为两类:创建组织机构的行为和体贴关心下属的行为。高等教育的领导行为所针对的组织系统、组织目标、组织成员、人际关系等都有自己的特殊性,与其他许多社会系统的情况有所不同。比如,高等学校这一层次的管理中,领导者要全力完成的是教学与科研任务,两者又以人才的培养为核心。但是要搞好教学与

①杰夫•惠迪,萨莉•鲍尔,大卫•哈尔平.教育中的放权与择校学校、政府和市场[M].马忠虎,译.北京:教育科学出版社,2003:42-43.

科研工作,领导者还必须抓好相关的后勤配套工作,需要从各方面关心支持第一线的教学、科研人员。这就是上面所讲的两类领导行为。从理论上讲,领导者可以调整自己的行为,以适应某一特定的环境和任务。在实践中,领导者不能、也不应该只关注某一类行为,而应当根据具体情况决定采取什么样的领导行为。当然,在这种时候,领导艺术是帮助领导者取得成功的必备之物。在宏观高等教育管理中,国家和地方政府对高等教育组织,即高等学校的管理,其中之一就是规范高等教育组织中领导的办学行为,既要按照国家的政策规范办学,又要办出各自学校的特色,这既是矛盾的,又是统一的,最终的目标是一致的。具体地讲,在完成高等教育目标的过程中,各级领导者为实现目标而履行领导的职责时,其关注的行为领域主要有以下几种。

1.行政领导者的行为

它主要包括各级领导者或管理者作为负责人行使领导职责时的行为。领导者的职责就是对目标的实现或目标的改变所需的集体活动进行激励、协调与指导。如果不能做到这一点,那就是对领导责任的放弃。对高等教育系统来说,系统的目标是非常明确的,教育部对国务院负责,各省市教育行政主管部门的行政首长对省市党委和首长负责。一般来讲,到了高等教育组织这一层面,组织领导者的行为要对高等教育主管部门负责。各高等教育组织的领导,对围绕着高等教育系统目标进行的活动,在形式和内容上各有特色,即使是同一专业、同一课程的教学活动,在各校之间也是不完全一样的,更由于各校的教师、学生在知识水平、能力结构、兴趣爱好、心理需要以及性格特征、校园文化等方面存在着明显的差异,各高校的领导者为完成组织目标而行使领导职责时,所面临的环境条件就各不相同,所采取的领导行为当然也是不相同的。

2.组织集体中的领导行为

这是指高等教育系统中的各级领导者,要为组织目标的顺利实现创造各种各样的条件,对于组织目标的顺利实现而言,领导者的行为所具有的作用分为直接作用和间接作用两个方面。直接作用包括:创建某些专门的组织机构和程序,指定专门的人选去负责完成某项或某方面的工作,对下属的工作进行检查与督促,聘请某一方面的专家能人等。间接作用包括:不直接参与各类具体的计划,但对计划的制定以及实施过程施加各种形式的影响。比如,提倡某种领导风格、实施某种奖惩措施、颁布某类晋升标准等做法都会对各项具体工作的开展产生重大影响,虽然领导者尤其是高层领导者没有直接插手具体工作,换句话说,领导者的行为也许可能不会对某些特定的具体活动产生影响(即起直接作用),但却对这些活动顺利开展并取得成功所依赖和借助的各种组织机构、过程和程序产生了影响。例如,各级政府中的教育行政领导,也许并不过问每所高校具体的教学和科研工作,但必须对高校培养人才的方向、规格、基本途径、办学思想等进行指导;大学校长也许并不一定过问某一门课程或某一堂课的具体教学活动及其效果,但他可以影响某个院(系)以及教务部门在课程安排上的指导思想,影响该院(系)的课程计划或课程体系的目标,从而在某种形式上对各门课的教学活动及其效果产生一定的影响。有时候组织集体中的领导行为是无形的,有时候是起直接影响作用的,或者是干扰性作用的,因为领导的影响行为是权威性的。所以,领导行为应该是分层的、积极的、适度的、有效的。所谓分层,就是指各级的领导行为是有区别的,上一级的领导不能做下一级领导行为的事,否则就是越级行为。领导行为的积极性是讲领导的行为对于组织的作用是正面的,不要产生负面影响,否则,领导的行为肯定是错误的行为。领导行为的适度不分哪一级,哪一级领导的行为都必须要有一个度,超过了这个度,可能适得其反。有效的领导行为对管理活动产生好的影响,有效地管理领导行为是与管理活动的结果相辅相成的,有效与否,由结果来检验。

二、高等教育管理的本质

高等教育系统相对于其他社会系统有其独特的活动主体和活动目标,这就使高等教育管理同其他社会系统的管理区别开来,表现出它的特殊性。高等教育的总目标:培养高级专门人才和发展科学技术文化并与社会经济发展的需要相适应。高等教育管理活动就是要在总目标的指导下,把对高等教育系统的战略规划、资源调配通过制度和机制进行协调。高等教育管理的本质就是协调高等教育系统有限资源的投入与高效益地实现高等教育总目标的矛盾。

无论高等教育有多么复杂,无论把高等教育系统分解为怎样的子系统,高等教育系统都必然要求各子系统在目标上协调一致。不仅要求每个子系统的目标与整体目标相协调一致,也要求每个子系统的目标与自己内部的组织成员的个体目标相互协调。更重要的是,每个系统的目标与实现这些目标的条件之间需要相互协调,这就形成了管理活动的整体性和普遍性,即每个系统都需要协调。高等教育系统内部的等级层次性使高等教育管理活动也具有层次性,这就形成了一个多层的、多级的、专门的分系统,即集合成高等教育的管理系统。协调就是蕴涵于各个子系统之间,对各个子系统的目标设计、资源筹集和分配,分析系统的活动信息,即通过政策、制度和一些技术手段等协调系统成员的活动,以达到系统所设计的目标。从事这些专门活动的管理人员(或称管理者)的活动所构成的有机整体就是管理系统。

马克思对"管理"曾有过精辟的论述:"一切规模较大的直接社会劳动或共同劳动都或多或少地需要指挥,以协调个人的活动,并执行生产总体的运动(不同于这一总体的独立器官的运动)所产生的各种职能。一个单独的提琴手是自己指挥自己,一个乐队就需要一个指挥家来指挥乐队。"[1]马克思的这一段话,揭示了管理协调所包含的以下几个含义:①管理是集体协作劳动的共同需要,即"或多或少地需要指挥";②管理必然有管理者,管理协作对象主要是组织及其成员;③管理是执行生产总体运行所产生的各种职能;④管理的职能主要是指挥和协调他人的活动,同时把自己也置于管理活动之中,以取得成效:⑤管理的目的是取得比"各个独立的运动"之和更大的效益。

管理活动的普遍性(指管理活动作为人类活动的一个重要方面)普遍存在于所构成的各种组织机构中。专门管

---

[1]马克思. 资本论[M]. 北京:北京出版社,2007:75-76.

理者的出现体现出社会系统在结构层次上的性质,表明个人在社会系统中具有的不同位置、作用和性质。权力是管理系统赖以存在的基础,权力对人的活动的约束性使人们按一定的方式组织起来,以便实现系统的整体目标,也在一定的程度上体现了权力在协调中的作用。协调或称调节是指调整或改善高等学校与校外,以及校内各部门或成员之间、上下左右各方面的关系。就一个国家和地区来讲,把高等教育放到社会的大背景中,政府对高等教育的协调是使高等教育的层次、规模、结构、水平、质量、效益的协调发展与社会的政治、经济、文化的发展相适应,如果不相适应,就必须进行协调。就高等教育的组织——学校来说,它是高等教育系统中的子系统,学校组织的类型因区域的差别、体制的差别、机制的差异、管理者的差异等出现差异,存在着的矛盾是多种多样的,有总体目标与部分目标之间的、有长期规划与近期打算之间的、有整体利益与部门利益的、有组织利益与个人利益之间的矛盾,这些矛盾如果不加以协调和解决,就会影响到高等教育系统的运行和发展,也会影响高等教育效益的最优化。高等教育的协调任务与高等教育管理的本质要求是相一致的,体现了高等教育管理的基本矛盾和本质特征。

了解管理活动中冲突的本质才能对症下药地协调。冲突是指由于工作群体或个人试图满足自身需要而使另一工作群体或个人受到挫折时的社会心理现象。冲突表现为双方的观点、需要、欲望、利益或要求不相容而引起的一种激烈斗争。冲突是人类社会的一种普遍现象,它具有有利和有害两种结果。从有利的方面看,冲突的解决能促进组织的发展,可以增强干劲,形成一种激励力量,它还能促进交流,诱发创新。从有害的方面看,冲突使人产生情绪压力,影响人的身心健康,剧烈冲突带来的破坏作用会浪费资源,不及时解决冲突会影响组织运转,破坏组织目标的实现。因此,必须探讨冲突产生的根源及其解决途径和方法,便于协调。

一般地说,在集体组织成员之中总是存在许多不一致,其中,某些不一致可能上升为矛盾(程度不一的矛盾),这些矛盾关系中比较激烈的便会转变为明显或不明显的冲突。冲突一般分为三种类型:第一类是认知性冲突。由信息因素、知识因素、价值观因素等引起的冲突都属于认知性冲突。这种冲突随着双方认识趋于一致就能得到缓和与克服。第二类是感情性冲突。这是一种由非理性因素引起并为这种非理性因素所控制的冲突,也可能是由认知性因素所诱发,最后为非理性因素所支配的冲突。个性相抵是这种冲突最常见的诱因,它持续时间长,破坏性大。第三类是利益性冲突。这是一种由本位因素引起的目标冲突。社会中的个人和群体在处理问题时所关心的利益不同,从本位出发就可能引发矛盾和冲突,伴随利益的再分配,这种冲突可以克服。在日常的社会活动中,随处存在可能导致冲突的根源,一旦有了起因,这种潜在的冲突随时就会转变为现实的冲突。

产生冲突一般有以下原因:一是人的"个性"。从人的本性讲,不满情绪积累到一定程度就会形成冲突,需要有适度的发泄。二是有限的资源争夺。资源在一所高校总是有限的,而需要却是无限的,为争夺有限的资源而产生的冲突在所难免。三是价值观和利益的冲突。不同经历的人价值观容易形成冲突,部门和个人都可能因利益而形成冲突。四是角色冲突。由于个人和群体所承担的角色不同,而不同的角色都有其特定的任务和职责,从而产生不同的需要和利益,因而发生冲突。五是追逐权力,是一种权力欲望的争夺。六是职责规范不清楚,导致对任务的要求产生冲突。七是组织的变动。组织的变动会导致利益的重新组合而产生冲突。八是组织风气不佳。如领导的矛盾和派系"传染"给整个组织而形成的冲突。

单从冲突的结果看无外乎三种可能:一胜一败、两败俱伤、两者全胜。显然前面两种结果都不是理想的结果,这些结果往往潜伏着第二次更大的冲突,领导过程应尽量避免这种结果出现。第三种结果是在双方都较满意的基础上解决冲突而得到的,这是一种可取的解决问题的方案。冲突的协调与解决方法有以下几种。

第一,认知型冲突的协调。在高等教育系统中,从宏观方面来讲,高等教育如何适应国家政治、经济、文化的发展,每一个发展时期如何规划,区域高等教育的发展、高等教育发展速度的快慢、高等教育的科类层次结构等的确定,不同的决策者及管理者会产生不同的意见,甚至矛盾。在微观高等教育管理中,学校教育是非常具体的管理活动,对于学校如何定位、如何发展、如何运用学校有效的教育资源,在培养目标、课程设置、培养计划的拟定和实施、教学与科研活动的具体展开、各项工作的总结评价等方面都可能出现一些不一致和矛盾,甚至会形成明显的冲突。一般来讲,增加交换看法、进行交流协商的机会,消除可能由于误会与信息不全所导致的认识上的不一致；进行"和平谈判"，把对各种原因和结果的认识都拿到"桌面"上来，这需要领导者的权威和协调能力；提供学习机会，提高大学组织内成员的认识能力和观念水平，这不仅针对冲突双方，而且针对冲突涉及的各方，大家都需要提高自身的认识水平；调整或改善组织内部有关结构，使各种不一致、矛盾和冲突能够最大限度地被比较完善的组织结构和人员组合（搭配）所"稀释"和"化解"；用超然的态度承认并超越某种冲突，这种方法可能有助于解决某种矛盾冲突。具体讲，要解决这类矛盾和冲突，最好的办法就是在学习和研究的基础上，开展对高等教育的教育思想、教育观念的大讨论，要提供公开交流的平台和场所，进行认知交流，认知融化，消除和化解形成矛盾和冲突的原因，使组织成员和冲突各方在观点上达成一致，或者提高他们的认识水平。

第二，感情型冲突解决的方法。这是一种非理性的冲突，主要存在于微观高等教育管理的活动中，相对于某个方面的具体事项，其带有个人的情感色彩。产生的原因可能是一些微不足道的小事，也可能是因为不同的性格、爱好，甚至可能没有"原因"。在高等教育系统中，解决这类冲突的方法可以通过提高成员的心理素质，使其具有能够承受一定的情感冲突的能力；提高认识水平，认识冲突的原因是微不足道的，认识冲突的结果可能会产生严重后果；施行合理而公正的奖惩手段，坚持规章制度的原则性，对于坚持感情办事而导致不良后果的，作出制度上的处理；进行感情牵引，引导感情向有益的方向发展，如完善和改进目标管理，把成员的注意力集中到实现高等教育目标上去。对于某些历史性的感情冲突,最好的解决办法也许是让时间这位"老人"来协调解决,因为时间可以抚平某些感情创伤,并教会人许多书本上没有的道理。

第三,利益型冲突的协调。利益冲突有一种特征,如果利益的消长或损益幅度不超过某一程度,则这种冲突不仅不可怕,而且对集体的凝聚力和组织目标有一定的益处;如果超过了某一较高程度,则会导致整个组织或系统的瓦解与毁灭。因此,需要解决并能够解决的利益冲突基本上都是处于这两者之间的。利益冲突是冲突各方在各自追求效用最大函数值(或最大利益)的过程中构成的冲突。利益冲突所围绕的中心就是利益,而利益在各人的眼中是不一致的。一般说来,出现冲突时,组织中可能存在无数个个体利益或自身利益,也可能存在多个不同规模的共同利益,但最大的共同利益只有一个。对于作为利益代表的个体或群体来说,他们的自身利益也只有一个最大值,这两个最大值就是"自利最优解"和"共利最优解"。解决利益冲突的关键在于如何进行利益的重新分配。如果借用函数求解的方式,当代表多方利益的曲线处于同一坐标系时,共利最优解就不难找到,但要把共利最优解和自利最优解结合起来就不容易了。寻找各方的自利最优解和共利最优解,实际上是一个人对利益的产生和形成的分析过程,而要使自利最优解和共利最优解取得一致,则不仅是一个分析过程,而且是一个策略的实施过程。另外,它们也不是一成不变的,它们会因环境变量的改变而发生变化。因此,利益冲突的解决是一个因地制宜的过程。在高等教育系统中,各子系统,甚至更小的群体和个人,都有自己的切身利益。他们在实现系统目标的过程中也同样追求自己的切身利益。比如，高校教师在进行教学科研工作时，一方面在完成高等教育的任务，另一方面也在追求自身的利益——职务的晋升和自我价值的实现。这里，职务晋升就是引起冲突的原因之一，特别是当候选人远远多于晋升名额时，冲突就异常激烈，如何确定好公平合理的晋升方案就是解决冲突的关键。此外，在人员任免、经费分配、改革方案实施等方面，同样存在着各种利益冲突。如果忽视这些矛盾和冲突，尤其是利益上的矛盾和冲突，那么要想调动全体教职工的积极性，充分发挥他们的创造精神，就可能成为一句空话。在解决这种矛盾时，有两个方面的办法，一是通过政策法规来约束，明确整体与局部利益、局部与局部利益、个人与组织利益、组织与组织利益、个人与个人利益的关系，公平公正地解决这些利益冲突；二是应注意加强思想政治工作，把物质奖励和精神鼓励结合起来，处理好国家、集体、个人三者之间的关系，这是高等教育领导必须研究和解决的重要问题。

总之，要充分认识高等教育系统中存在的矛盾运动的规律，特别是在微观高等教育管理中，要按照矛盾运动规律来解决这些问题。具体讲，个人与个人之间的矛盾主要表现在工资福利、提级晋升、表彰奖励、教育经费分配以及学术观点等方面，此时应遵循公正、平等的原则。在个人与整体的矛盾方面，要使系统整体目标与个人的目标相一致，当两者一致时，个人目标的实现可以通过整体目标的实现来达到，整体目标的实现是个人目标得以实现的前提条件。

　　但是,高等教育系统的三种矛盾是有机地联系在一起的,每一种矛盾的解决都关联到其他矛盾的解决。因此,在高等教育管理活动中,要从整体出发去解决高等教育系统所存在的矛盾,即进行系统的科学的管理。如果不从整体的角度去处理系统内部的矛盾及系统与环境之间的关系,看不到矛盾之间的相互关系和相互转化,那么,就会激化矛盾,破坏高等教育系统内部的稳定性,就不可能实现高等教育系统的整体目标。例如,个人的合理需要得不到满足就会抑制个人的积极性和创造性,个人在工作中就会表现出动力不足,主动精神不够。一旦个人在工作中缺乏主动性就会大大降低劳动效果,这样培养出来的人才质量就难以达到预期的目标。而人才质量的降低,又会引起社会上人才供需关系的变化。这种关系反过来又会抑制高等教育的运行和发展。同样,如果系统的整体目标与实现这些目标的现实条件差距过大,则目标就很难达到,这反过来又会挫伤人的积极性。所以,高等教育系统目标的实现过程本质上是一个系统与环境、系统内部矛盾关系不断得到协调和解决的过程。

　　其实,我们要辩证地看矛盾,特别是高等教育管理活动中的矛盾。从矛盾的普遍性来看,所有的矛盾是有共性的,因为产生矛盾的规律性都是一样的。首先,我们要认识到矛盾的存在是必然的,不存在没有矛盾的社会,不存在没有矛盾的管理,人的价值观各异,认识方法和认识水平各异,有矛盾是很正常的,不要因为有了矛盾就惊慌失措。要善于处理和解决矛盾。矛盾出现不可怕,可怕的是当矛盾出现以后,我们束手无策,或者捂住矛盾,或者任其发展，我们有些管理者不善于解决这类认知型冲突的矛盾，甚至不愿意去正视这些矛盾。另外，最不可取的是压制矛盾，结果造成矛盾的激化，这样一来可能会带来新的、更大的冲突，产生更大的矛盾，因为它没有解决矛盾，而是转移了矛盾的方向，使小的矛盾集合成了大的矛盾。

　　高等教育管理中对待矛盾与冲突问题要注意两个方面：第一是避免人为地制造矛盾和冲突。从源头上避免矛盾与冲突的出现，这就是我们要注意的源头方面。在制定各种政策制度时要科学合理，要经过专家论证和民主决策，千万不要匆忙出台不合时宜的政策制度，特别是避免"头痛医头、脚痛医脚"地出台政策制度，为矛盾与冲突埋下祸根。在管理活动中尽量避免矛盾与冲突。管理活动中避免矛盾与冲突的办法有很多，其中之一是管理活动的透明、公开、公正，而透明的前提是被管理者对游戏规则的认同。在对游戏规则认同的前提下，游戏的运作必须透明、公开、公正，只有这样，才能有效地避免矛盾和冲突。我们知道，高等教育管理的本质特征与企业管理、经济管理有很大的差别，中国高等教育的管理在具有行政性一面的同时，又具有很强的学术性。行政管理需要很强的透明度，学术管理除了知识产权的东西和技术层面上的东西比较透明外，纯粹的管理活动更需要讲求透明、公开、公正。只有把握好透明、公开、公正的度，避免管理活动中人为地制造矛盾和冲突是可能的。第二是实事求是地化解矛盾与冲突。矛盾与冲突在管理活动中始终是存在的，关键在于如何去化解。化解矛盾与冲突要本着实事求是的态度，首先，要敢于承担由于管理者的原因引起矛盾与冲突的责任,用真诚来化解矛盾与冲突。其次,一旦矛盾与冲突出现,既不要大惊小怪,也不要消极怠慢,要以积极的心态与行动去化解,把矛盾与冲突造成的后果降低到最小。

三、高等教育管理的属性

在社会活动中,为了与高等教育系统整体性相适应,高等教育管理一开始就提出了两个目标:一是为使个体同整体相适应,用系统整体去整合各系统的个体,以实现系统整体功能的目标。二是为了实现系统效益的最大值,要求把具有一定功能行为的个体有机结合在一起,达到系统最大的"结合力"功能的目标。只有这两个目标的综合,才能使系统整体功能大于系统中各分散个体功能之和。这是高等教育管理的系统属性。这两个目标的矛盾运动规定了高等教育管理的两条基本规律:第一,高等教育管理的自然属性与社会属性趋于一致的规律。自然属性具体表现为高等教育管理的个性和特殊性,社会属性具体表现为高等教育管理的历史继承性和为阶级服务的政治性。第二,高等教育管理的封闭性与开放性的矛盾统一的规律。这是高等教育管理最重要的本质属性。

为什么系统的矛盾运动可以使系统整体功能大于系统各分散个体功能之和?又如何认识高等教育管理的基本属性和规律?对于第一个问题,因为"整合"和"综合"使高等教育系统获得整体的功能目标和最大"结合力"的功能目标,这就具备了系统整体功能大于系统内各成员个体功能之总和的条件。如果系统中的管理者尤其是领导者能够找到两个互为矛盾的平衡点,也就是要求各级管理者,尤其是各级管理的最高决策者,在管理中必须找到两个目标的平衡点,才能保证系统功能放大。高等教育管理具有自然属性与社会属性,高教管理活动本身就反映了它的属性。要实现管理的功能,就要在管理中运用专业的知识,使用某些技术和方法,这就表现出了它的自然属性。有管理者必然有被管理者,他们之间总是存在着利益、认识、感情等方面的矛盾:在阶级社会里往往表现为阶级矛盾,在市场经济体制出现多元化格局的情况下,宏观高等教育管理中有时候会出现各阶层利益之间的矛盾,如穷人和富人要求接受教育的矛盾,在整个国民经济的发展中,教育同其他行业的矛盾,教育内部中高等教育同其他层次教育之间的矛盾,等等,这就表现出了它的社会属性。在不同社会制度的国家里,解决这种矛盾的方法往往是不同的,认识两类属性矛盾的存在和有效地解决这两类矛盾,必将推动高等教育事业的发展和目标的实现。同时,对高等教育系统的封闭性与开放性而言,这是一种客观存在的事实,要注意的是封闭性和开放性是相对的,只有系统与环境进行有效、快速、准确的物质、能量和信息的交换,才能使系统实现整体功能目标和最大"结合力"的目标。

(一)自然属性与社会属性

高等教育管理的自然属性主要表现在普遍性方面。高等教育的管理是一种社会活动,要使社会活动有序地进行就需要进行管理,因此,高等教育管理是社会活动中普遍存在的一种管理现象。无论哪个国家,无论哪个历史时期,只要存在高等教育活动,就存在各种培养高级专门人才的活动(包括专业设置、培养目标、课程设计、教学过程、教学方法、教学手段等),就有进行管理的必要。在当今社会,高等教育已经成了一种国民的素质需求乃至消费需求,成了一种国家和民众的普遍需求,特别是在高等教育大众化的时代,高等教育管理已经成为一种普遍的专业管理。在高等教育管理的共性方面,即高等教育管理在各个历史发展时期都具有明显的共同点,这些共同点不因国家的政治、经济、文化等差异而有所变更,也不因历史时期的变化而消失。正是由于这种共同性,中国传统高等教育中的优秀部分就应当继承和发扬,如唐朝的高等学府在教学管理上制定了较详细的教学计划,规定了严格的考核制度,放假、升级与退学等都有明确的规定,唐朝太学退学的规定有三条:请假逾期不返校者,令其退学;学满最高修业年限三次不及格令其退学;品德行为恶劣不堪教育者令其退学。这些管理仍有其现实意义。与现代大学有历史渊源关系的欧洲中世纪大学,一开始就建立了包括文法学、哲学和医学等学院,这种学校一院制一直被后来的大学所采用,随着课程的发展,学习制度发展成最初的学位制,这种制度对以后的大学学位制度产生了深远的影响。如在法学、哲学、医学等学科,都规定有不同的学习年限,需要学习若干门课程,还要实习讲授一定量的课程,然后才能申请学士、硕士和博士学位,之后,还要接受一次口试和辩论,经评审批准,才能戴上硕士、博士帽。现代大学申请硕士、博士学位程序基本同过去一样,只不过是在此基础上更加完善。这就是高等教育管理的"古为今用,洋为中用"。这些共同点来源于高等教育管理活动的循序渐进,在发展过程中形成的特点和规律,成为高等教育活动中遵循的管理的一般原则,表现出它的共同性特点。另外,在高等教育管理的技术性方面,高等教育管理使用的技术和方法一般不受社会制度的影响,各国都可以相互学习的先进的管理技术,如数学、经济学、计算机科学等,更加丰富了高等教育管理的内容,推动了高等教育管理的发展。

高等教育管理的社会属性包含两层含义:一是高等教育管理具有历史文化的继承性,即在人类创造历史的过程中,由于社会及自然环境不同所形成的各种地域文化,在高等教育管理活动中留下了深深的烙印。这些"印记"在高等教育管理思想上,表现为不能超越一定的社会文化形态以及人们的社会心理状态,并且在具有"同源文化"的国家和地区,在高等教育管理思想和管理哲学上具有很大的相似性,而非同源文化中所产生的高等教育管理思想和管理哲学就存在明显的差异。欧洲中世纪的高等教育管理受到神学及哲学的影响,使其在管理思想和方法上都有其浓厚的中世纪痕迹,反映出中世纪的神学文化。二是高等教育管理具有政治性。因为高等教育管理是与权力关系联系在一起的,高等教育的体制和有些制度、政策是一种社会制度和政策的一部分,是为一定的政治服务的。在阶级社会里决策者与被管理者之间一般表现为阶级关系。在社会主义社会里,人民群众是社会和国家的主人,社会主义国家的管理者,包括高等教育管理者,是为人民办事的公仆。所以,有人不太赞成高等教育管理具有这样的社会属性,好像是把管理的自然属性社会化了,这是片面的。作为高等教育的管理者,特别是高级的、高层次的管理者,一定要懂得管理的社会属性。高等教育管理必定具有社会属性,并且,要搞清楚管理的社会属性在哪些方面,在我们的管理活动中如何恰如其分地处理好社会属性的问题，是当前高等教育管理工作者必须懂得的。

自然属性与社会属性是高等教育管理活动本身所具有的两种属性，两者处于矛盾统一体之中。高等教育管理的两个目标，规定了高等教育管理两种属性是一对相对统一的矛盾，它具体表现在维持系统整体特性功能目标应具有的稳定性与高等教育管理追求最大"结合力"要求改变系统结构而产生不稳定之间的矛盾，此两者之间的矛盾运动，使高等教育管理不断得到改善。同时，高等教育管理的两种属性又统一于高等教育管理计划、组织、领导和控制等管理环节上，根本上统一于高等教育管理的效益上。没有社会属性，没有维持系统整体特性的功能目标，就不会有产生最大"结合力"的需要，高等教育管理的自然属性就失去了存在的基础而无从实现它的自身价值。把高等教育系统内成员的个人目标整合成系统整体特性的功能目标，目的在于把分散的具有一定功能行为的个体结合起来，实现系统功能的"放大"，而离开了自然属性，高等教育管理的社会属性也不可能体现出来，它的社会价值目标也不可能实现。

（二）封闭性与开放性

高等教育管理的封闭性是指在高等教育管理过程中，根据高等教育管理的特殊矛盾而在高等教育系统内部自我运转和良性循环的性能；高等教育管理的开放性是指在高等教育管理过程中，根据高等教育管理的特殊矛盾而在高等教育系统与外界环境相互关系中，实现物质、能量、信息交换的性能。就高等教育管理的封闭性而言，在高等教育系统内,无论进行什么高等教育管理工作,一个首要的前提就是在一个相对独立、完整的高等教育系统内部,按照高等教育系统的特定目标而进行优化组合,即在高等教育系统的"投入—加工—产出"的过程中构成一个相对封闭的系统。没有相对的封闭性,高等教育系统就没有相对稳定的环境,任何对高等教育系统的分析及高等教育管理的活动过程都不可能按照自己的独特方式运行。这种相对封闭性是一种客观的存在,是更好地进行高等教育管理的必然要求。当然,完全封闭的高等教育系统是不存在的,因为完全封闭就意味着与环境不进行任何物质、能量、信息的交换,这样的高等教育系统必然会逐渐消亡。因此,这就是我们所指的高等教育系统和高等教育管理的封闭性又具有相对性的方面。现代社会中,任何一个系统都不可能是封闭的,封闭是相对的。就高等教育管理的开放性而言,高等教育系统受外界环境的制约和影响,只有开放才能获取更大的信息资源和物资资源,才能进入社会大系统中去循环,去接受洗礼,去成长壮大。纵观中国高等教育的改革与发展、中国高等教育管理的现代化进程的不断加快离不开开放,我国高等教育管理的很多思想与观念就是通过改革开放得到启发,很多技术与方法就是在国际高等教育的大背景下开发与形成的,现代高等教育管理的进程没有国际化的开放是不行的。没有开放性就没有中国高等教育的大发展,就没有中国高等教育管理的成熟和成长。

故步自封、关门主义使高等教育系统独立于社会大系统之外,是有历史教训的。因为,这个社会不可能停留在古代文法教育时代,教育脱离社会,脱离社会化生产活动,是难以推动社会生产力的发展的。现代社会大生产催生了科学教育的迅猛发展,科学教育的内容、科学教育的方法,无不是来自社会,封闭已经是不可能了。那么,高等教育的管理在思想上首先要开放,要引入先进的管理思想和方法,但高等教育管理最本质的东西不要去改变它,这就是开放性的基本原则,也是封闭性和开放性的矛盾统一的需求点。高等教育管理的封闭性与开放性的矛盾在于:如果片面强调高等教育管理的封闭性,为高等教育系统的"存在"花费更多的人力、物力和财力,那么就会影响系统的外延"发展",失去了取得更大效益的机会。如果片面强调高等教育管理的开放性,过分注意高等教育系统效益的最优化,而忽视甚至否定高等教育管理的相对封闭性,破坏高等教育系统自身,就会只强调系统"发展"而忽视系统"存在",这将导致高等教育系统的紊乱和能量的消耗,最终将导致系统的"存在"基础动摇。

无论是高等教育管理封闭性还是高等教育管理开放性,其目的都是为了使高等教育系统的生存和健康发展得到保证,具体地表现在统一于高等教育管理的诸环节上,如通过高等教育计划,在解决高等教育系统与环境矛盾中使封闭性与开放性统一起来;通过高等教育组织、领导,在解决高等教育系统内系统与系统、系统与个人矛盾中使封闭性和开放性统一起来;通过高等教育控制,在解决高等教育系统既定目的与实施中偏离目的的矛盾中使封闭性和开放性统一起来。这里要明确的是,高等教育要向世界开放,汲取世界上先进的管理经验,包括一些先进的管理制度;要向其他行业开放,走开放办学的道路,特别是在市场经济体制下,企业管理是最活跃的,其产生的现代企业管理的先进理念和方法尤其值得高等教育管理借鉴。

　　高等教育管理的自然属性与社会属性的两重性是管理者要充分认识清楚的。两重性规律以高等教育系统中一切有目的的活动为基础,自然属性和社会属性、封闭性和开放性是高等教育管理本身所固有的。因此,高等教育管理的自然属性及其客观性规律,不仅在对高等教育管理的认识上,而且在高等教育管理的具体活动中都必须是要遵循的。高等教育管理活动中两重性规律揭示的是高等教育管理固有的自然属性和社会属性、封闭性和开放性及其相互联系,这种联系是由高等教育管理的"整体功能"和"结合力功能"两个目标的矛盾运动所规定的,事实上,两重性从整体上反映了高等教育管理的特殊矛盾。因此,管理属性的要素之间的联系是本质的和必然的。

　　总之,我们研究高等教育管理的自然属性与社会属性、高等教育管理的封闭性与开放性,以及它们的规律在高等教育管理过程中是共同存在、相对稳定的,是高等教育管理本质的反映,是高等教育管理的基本规律。

第二章 高等教育管理体制

第一节 高等教育管理体制概述

一、高等教育管理体制的含义

（一）高等教育管理体制的概念

高等教育管理体制是高等教育在管理机构设置、领导隶属关系和管理权限划分等方面的体系、制度、方法、形式等的总称[①]。它属于上层建筑的范畴，它与一定的社会制度密切相关，它既是一定的历史时期生产力水平的反映，又与一定的生产关系发展相联系，是我国整个国家管理体制的重要方面。它随着高等教育的出现而产生，随着高等教育事业的发展而发展变化。

高等教育的管理体制，就其组织体系的结构来说，主要分为三层：高层管理、中层管理和基层管理，现在通常把高等教育管理体制中的前两层称为高等教育的宏观管理，第三层称为高等教育的微观管理，即高等学校的内部管理。因此，高等教育的管理体制包括高等教育宏观管理体制和高等学校的内部管理体制。

[①]宣勇，伍宸. 论高等教育发展的"中国之治"[J]. 高等教育研究，2021，42（02）：1-13.

高等教育体制结构是国家政体结构的组成部分,主要受国家政治制度、国家政体形式、生产资料所有制形式以及民族文化传统的制约。不同的国家,高等教育体制结构的表现形式不同,通常人们把当前世界各国高等教育的体制结构划分为三种模式。

1.集权型高等教育体制结构

这是一种高等教育完全由国家举办,高等教育系统的决策权高度集中于系统最高层——中央政府,由中央政府通过一定的计划、法律、命令、拨款、监督和行政手段直接调节高等教育系统的管理体制。

2.分权型高等教育体制结构

这种体制结构是指高等教育系统的决策权力不集中在中央政府,而是由地方政府或利益集团独立行使高等教育决策权的一种管理体制。

3.混合型高等教育体制结构

这是由中央政府和地方政府共同承担发展高等教育的责任,双方均享有高等教育的决策权,共同管理高等教育的体制结构。

(二)高等教育管理体制的形式

高等教育管理体制根据现代高等教育发展的要求,可以分解为下列形式。

1.高等教育领导体制

高等教育领导体制是指高等教育领导机构及与之相适应的行为规范的统一体,其核心是高等教育领导权力的基本配置方式。它包括高等教育行政领导体制和高等学校内部领导体制两个相互关联的部分。其中,高等教育行政领导体制是核心,是方向,它主要解决国家党政对高等教育实施领导权力分割和基本运作方式问题,即处理党和政府与高等教育实施机构(主要是高等学校)三者之间的关系问题。

高等学校内部领导体制是基础,它主要解决高等教育实施机构内部的党政之间、学术与行政之间的权力分割和基本运作方式问题,即处理高等学校党政与学术权力之间的关系问题。在市场经济体制下,政府、社会、学校在高等教育运行中各自是相对独立的利益主体,并以此为依据,做出相应的职责、权益划分。高等教育领导体制的建立,既要加强中央政府对高等教育的领导和政府对高等教育的分级管理,又要保证高等学校有充分的办学自主权和随着社会经济、政治的变化与发展不断做出主动调整的能力。政府对高等教育的领导与管理应通过立法、经费调配等手段进行间接控制,而不宜过多地采用行政手段进行直接控制,以使高等学校对复杂多变的市场经济可以做出迅速、灵活、准确的反应,培养社会所需各种高层次专门人才。

2. 高等教育投资体制

社会主义市场经济体制以公有制为主体,多种经济成分并存的特点,要求高等教育的投资体制也做出相应改变。从办学主体看,高等教育已从单纯的国家包办向国家、社会和个人多种主体办学并存的方向发展。高等学校应成为独立的实体,在经费收支等方面享有一定的自主权。从投资渠道看,国家各级政府财政拨款、收取学费、科研创收、社会服务报酬、校办产业收入、企业和个人投资以及海内外捐资等形式并存,将成为未来我国高等教育投资的基本形式。

3.高等教育教学体制

在高等学校的教育、教学活动中,与市场经济体制关系最为密切的是高等学校的专业与课程设置,以及与此相应的一系列体制。在计划经济体制下,统一的专业课程设置不利于高等学校为市场需求培养多种规格和类型的人才。社会主义市场经济体制的逐步确立,要求高等学校的教育、教学体制向着国家和各级政府宏观调控、学校自主办学、社会积极参与、学生适当自由选择相结合的方向发展,并最终形成高等学校自主适应市场的教育、教学机制。

4.高等教育招生、就业体制

在计划经济条件下统一招生、分配的体制已越来越不适应社会主义市场经济的要求。建立和健全高等教育招生和毕业生就业的新机制,扩大高等学校这方面的自主权,实行国家统筹规划、地方因地制宜、学校自主灵活、个人自由选择相结合的新的招生、就业体制,有效地实现人才资源的合理配置和流动,将是改革的大方向。政府在这方面的职责,将从下达指令性指标向用经济杠杆和有关政策进行宏观调控和引导的方向转变。

5.高等学校内部管理体制

社会主义市场经济体制对高等学校内部管理体制的要求是建立一套高效的内部管理体制,提高办学效益和工作效率。市场经济的竞争性,要求高等学校打破计划经济体制下平均主义、"吃大锅饭"的状况,充分发挥各个部门和每个人的作用,合理配置和利用各种资源,建立起优胜劣汰、在利益分配上兼顾学校整体利益、部门利益和个人利益的高等学校内部运行机制，保证高等学校在健康、高效发展的轨道上履行其为国民经济建设和社会发展服务的职能。

二、高等教育管理体制的功能

（一）高等教育管理体制的主要功能

高等教育管理体制的主要功能有以下四个方面。

通过规划与立法协调、指导高等教育发展使之与社会政治、经济、科技、文化发展相适应，并确保高等教育在整个社会系统中的应有地位。

通过经费筹措及拨款，解决高等学校办学经费的后顾之忧并体现政府对高等教育发展的导向作用。

通过评估与监督保证高等学校的办学方向、办学水平、办学质量。

通过协调与指导保证高等教育系统内部各个子系统之间的相互配合、协调发展。

（二）科学设置高等教育管理体制的原则

为了使高等教育管理体制进入高效和优化的状态，管理体制的科学设置非常关键。一般应遵循下列原则。

1.兼收并蓄的原则

我国现行的高等教育管理机构是根据我国历史，特别是近现代高等教育发展的需要，对管理机构不断充实调整提高的产物。同时，注意汲取苏联、欧洲诸国及美国、加拿大等国的经验与教训，形成具有中国特色的高等教育管理机构体系。

2.分工明确又互相协调的原则

分工明确有两层含义,一是指各级管理机构职责分明,二是指同级管理机构内,各部门之间分工明确。同时上下级之间,各部门之间必须很好地协调和配合,分工不分家。

3.宏观控制与微观搞活相结合的原则

管理层次和控制幅度必须清楚。各级管理机构和各管理部门必须职责明确,上级管理机构对下级究竟管到哪一层,控制多大的幅度,各部门究竟需控制多大的幅度,都必须明确。明确管理层次和控制幅度是处理好宏观控制和微观搞活的重要前提,也是机构设置的理论依据。

4.民主与科学相统一的原则

当高等教育发展较快时,往往会因需设立一些管理部门,但是,按照高等教育发展的科学规律和理论,运用科学管理手段,就发现有些机构的职能是交叉重复的,应纳入科学的轨道,调整、合并一些机构。

5.精简机构、提高效益原则

要真正做到高效和最佳管理状态,避免重复设置机构,力戒因人设置机构。同时,一个机构各部门也不宜重复设置,一个部门中的各岗位也不宜重复设置,只有这样,机构才能真正做到精简,从而才谈得上提高效益。

三、高等教育管理体制的制约因素

高等教育管理体制要与国家的经济体制、政治体制、科技体制相适应,这是由高等教育的外部关系规律所决定的。高等教育受社会制约,并为一定社会的经济、政治、文化发展服务。高等教育的性质与特点决定了它与经济、政治、文化以及科技的关系比基础教育更加直接,更为密切。在与经济、政治、文化以及科技的关系中,经济是基础,经济基础决定上层建筑。

经济体制作为生产关系的具体实现形式,特别是计划和市场作为配置资源的不同手段或方式,其本身虽没有社会制度的属性,但它又总是同社会基本制度结合在一起。社会主义市场经济体制是同社会主义基本制度结合在一起的。因此,它必然要对作为社会上层建筑一部分的教育体制起决定性的影响,要求高等教育体制必须做出相适应的变革。

(一)高等教育管理体制在很大程度上受经济体制制约

高等教育与社会经济有十分密切的关系,社会经济为高等教育提供办学资源,高等教育培养的专门人才和研究的科技成果的相当一部分要为经济发展服务。因此,经济体制必然对高等教育管理体制起决定性的影响。

过去实行的"统得过死、包得过多"的高等教育管理体制,就是与高度集中的计划经济体制相适应的。现在,我国实行社会主义市场经济体制,高等教育的办学资源及其所培养的专门人才和研究的科技成果,不可能不受对资源配置起基础作用的市场的影响。

(二)政治体制对高等教育管理体制也有重要的决定作用

高等教育是一种观念形态的文化,一定的文化是一定社会的政治和经济的反映。经济是基础,政治则是经济的集中的表现。邓小平说过,政治体制改革同经济体制改革应该相互依赖,相互配合。只搞经济体制改革,不搞政治体制改革,经济体制改革也行不通,所有的改革最终能不能成功,还是取决于政治体制的改革。

1.高等教育管理体制改革更要依赖政治体制改革

高等教育管理从来就是政府行政管理职能的一部分,如何划分政府的行政权力,政府对作为事业单位的高等学校如何进行管理,过去行政体制中一直没有解决好。

2.高校应成为具有法人地位的实体

政事不分,按照行政机关的模式来管理学校,把高等学校作为政府行政机关的附属物,政府不明确什么权利应属于高等学校,高等学校也不明确它应该有什么样的责任和权利,高等学校并没有真正成为具有法人地位的办学实体。国家机关进行行政体制改革,实行政事分开,也是政治体制改革的重要内容。不进行政治体制改革,高等教育管理体制改革中扩大高等学校办学自主权,真正使高等学校成为具有法人地位的办学实体,以及简政放权,处理好在高等教育管理上中央集权和地方分权的关系等,都不可能解决。

3.国外高校的地方分权制和中央集权制

西方发达国家是市场经济国家,但高等教育管理体制却有很大的差别。例如,美国实行地方分权制,高等学校都由州政府管理,联邦政府不直接管理高等学校,学校也有比较大的办学自主权。而法国的高等教育管理体制却实行中央集权制,并不与美国相同,其差别主要取决于政治体制。

可见,一个国家的政治体制对其教育体制起着非常重要的决定作用。政治是经济的集中表现,最根本的原因还在于经济。但经济体制并不能直接决定至少不完全决定教育体制,还必须通过政治体制的中介作用。

(三)科技体制对高等教育体制有重大影响

高等学校特别是重点高等学校,承担着大量的科学研究任务,是科学研究的重要方面军。在科技体制改革中,中央的方针、科技拨款制度的改革、技术市场和信息市场的建立,以及在科技管理中引进竞争机制,实行科研任务公开招标、择优选择承担单位制度的实施,都会对高等学校产生重要的影响。

如上述,高等教育管理体制受经济体制、政治体制和科技体制的影响和制约,所以高等教育管理体制必须与国家的经济、政治和科技体制相适应。另外,高等教育管理体制还受其文化传统的深刻影响。

高等教育具有多种社会功能。不仅要适应社会当前的需要,更要考虑国家的长远和整体的需要,特别是培养人的社会活动,要促进人的身心全面发展,有其自身的规律。因此,高等教育管理体制必须与高等教育发展自身的规律相适应。

第二节 国内外高等教育管理体制研究

一、国外高等教育管理体制

高等教育的管理体制,一般是与世界各国的国家管理体制相一致的。它是各国的政治、历史、社会、文化传统等多种因素共同作用的结果,是经过长期演化而逐步固定下来的。目前,世界大多数国家高等教育的管理体制结构,主要有三种类型:中央集权制、地方分权制和混合制。就美、法、英、日、德、俄等国来讲,法国属于中央集权制,美国属于地方分权制,英国、日本、德国、俄国则属介于这两种类型之间的混合制。

(一)美国的高等教育管理体制

1.美国是实行地方分权制的典型代表

美国的宪法中没有规定联邦政府干预教育的权力,在法律上把高等教育管理权划给了州政府。联邦政府虽设有教育部,但属一般性指导、咨询服务机构,无决策和直接管理高等学校的权力。

联邦教育部的主要任务是管理联邦的教育投资,推动教育研究,收集并分发教育情报资料。但它依靠两个强有力的手段,一是影响国会的教育立法,二是通过确定教育投资的重点和范围,把联邦政府政策渗透到高等教育领域,以达到对高等教育实施有效的间接控制。这样既不违反本国的政治传统,又能适应现实的社会变化。

2.多数州政府行使的权利和经费来源

除联邦教育部外,其他政府机构也负责为高等学校提供资助或服务。各州政府则对本州的高等教育实施广泛的行政管理。多数州政府通过州高等委员会行使两项重要权力:一是在州立院校成立以前,批准建校的必要规章;二是为新建院校发放许可证。私立院校的建立,必须得到州政府发放的执照,州政府要明确规定其首届董事会成员名单和董事会成员的选举方式。

州立院校的教育经费主要来源于州政府的拨款,私立院校的教育经费主要来源于私人集团。无论是私立院校或是公立院校,都拥有比较大的办学自主权,在决策、人事、财务、教学、科研等各方面都由高等学校自主决定;法律上还明确规定,联邦政府各部门或其职员,不能行使对教育资料印刷的指导、监督或控制权。尽管州政府可以通过立法和拨款对大学的人事、财政等方面实施方向和宏观的影响,但也无权直接插手大学内部的具体事务。

3.地方教育行政部门有管理学校的责任

作为当今世界最典型的高等教育分权制国家,管理学校的责任主要是由地方教育行政部门承担。在美国,这种管理体制是与它的政治、经济制度和历史传统相适应的。由于联邦政府无权控制全国的高等教育,因而有利于各州、各地方、各院校发挥积极性和创造性。各院校都力求适应市场的种种需要做出及时调整,包括适应政界或公众舆论、适应学生需求的变化、适应毕业生就业市场和科技界变动发展的需要等。

但是,这种"各自为政"的体制也给长期性和全局性的规划工作带来麻烦。同时,由于种种原因而无力对市场需求作出及时反应的院校,生存也常常受到威胁。随着高等教育规模急速扩大,高等教育在国际国内的地位显著提高,美国联邦政府对高等教育的干预明显增多,各州对高等教育的管理也普遍加强。

4.随着立法和授权美国的高教体制有集权的趋向

1965年,美国政府历史上第一次颁布了《高等教育法》,明确规定了联邦政府对高等教育采取直接干预的事项。自此以后,联邦政府频繁颁布以高等教育为主题的法案,将其对高等教育调控意图合法化①。

1979年,联邦政府设立了一个独立的中央教育行政机构——联邦教育部,其被授权负责联邦关于教育法规的执行,并管理和分配联邦的高等教育补助经费。这一教育行政管理的重大变化表明美国高等教育管理体制出现了集权趋向。

(二)法国的高等教育管理体制

1.法国是实行中央集权制的典型代表

法国高等教育的管理和决定权在中央政府及其教育主管部门。中央政府直接管理和调节高等教育活动,高等教育资源配置由政府按计划分配。在法国的高等教育体制中,中央政府的国民教育部拥有很大的权力,包括制定方针政策,审批学校专业文凭授予权,批准各级人事安排,确定限额招生专业及其招生数,分配教育经费等,几乎涉及高等教育系统运行的所有方面。法国虽然设有大学区,

---

①白瑞.美国高等教育大众化经验及借鉴价值[J].湖北第二师范学院学报,2017,34(05):101-106.

但大学区不是一级教育行政单位,而是中央政府国民教育部的派出机构。大学区总长由教育部长提名,总统任命,代表教育部长直接管理大学。大学的教育经费绝大多数来自国家,高等教育是国民经济发展规划中的一个组成部分。

法国虽然也是发达的市场经济国家,但其高等教育体制实行中央集权制,这主要是由其政治体制决定的。在历史上,法国是欧洲的一个典型的高度中央集权的封建国家。1789年大革命后,法国资产阶级仍采取中央集权式的管理,拿破仑当政后进一步完善了中央集权制。

2.高等教育改革的自治民主原则和自主权

1958年戴高乐再度上台,建立第五共和国以后进一步强化了总统的权力,更加强和稳定了中央政府的权力地位。戴高乐曾说过,高度的中央集权国家长期以来一直是法国统一的不可缺少的条件。但是,高度中央集权的法国高等教育管理体制,在第二次世界大战以后遭到社会的广泛非议,其中最为激烈的是1968年声势浩大的学潮,最终导致了政府通过《高等教育政策指导法》,确立了高等教育改革的"自治民主"原则,赋予大学区教育行政机构和大学较大的自主权,但法国的大学自主自治还是在国家强有力的领导和监督之下的。

进入20世纪80年代,法国社会党政府更加强调扩大高等教育的自主权。1982年,通过了《关于权力下放的法令》。1986年上台的右翼新政府更加强调减少国家干预。1989年,法国政府拟定一份2000年教育发展规划,重申了减少中央对教育的集权领导,确保学校享有自主权。

(三)英国的高等教育管理体制

英国历来有大学自治的传统。英国中央政府设有科学教育部,其主要职权为制定国家教育政策,不直接管理高等学校。

1.大学拨款委员会

英国高等教育体制的最大特点是设有"大学拨款委员会",起着协调国家和大学之间关系的作用。大学拨款委员会是非官方机构,只根据大学的财政需要提出意见,并将议会通过由政府提供的经费分拨给各院校。二次大战后,其职能扩大到包括根据情况需要帮助制定和执行各大学的发展规划,以确保大学能完全适应国家需要。

20世纪80年代以后,英国政府对高等教育的宏观控制有所加强。1985年3月,英国政府向议会提出了《20世纪90年代英国高等教育发展》的绿皮书。1987年,又提出了《迎合挑战的高等教育》的白皮书,表明了对高等教育改革的关切。

2.大学基金委员会

1988年,英国正式颁布了强调中央政府高等教育职能的重要文件——《1988年教育改革法案》。据此,1989年新设"大学基金委员会",取代了存在70年之久的"大学拨款委员会"。

大学基金委员会的成员来自高等院校和工商界,由政府和该委员会主席协商后任命。很显然,英国政府借助这个组织,既达到了控制高等教育的目的,同时又避免了政府与大学的直接冲突,并且在形式上维护了大学自治的传统。

英国的高等教育体制正是由于这个缓冲组织的作用而呈现集权与分权相结合的特征。

(四)日本的高等教育管理体制

1.始于中央集权

日本的高等教育管理体制,自明治维新到第二次世界大战结束前,一直实行中央集权制。这也是由其高度集权的政治体制决定的。二战结束后,美国占领军在日本推行各方面的改革,高等教育体制在美国的影响下实行分权;中央政府管理高等教育的权力大大削弱,地方和其他利益集团的权力加强。但由于其高度集权的传统力量,在20世纪50年代后期,日本政府逐步强化了中央管理高等教育的权力,地方分权有所削弱,形成了介于中央集权和地方分权之间的体制。

2.介于集权与分权的体制

(1)日本参众两院都设有"教育常务委员会"

负责审查政府提出的教育方针、教育法规、教育计划等,是高等教育政策的最高决策机构;中央政府主管教育的行政部门——文部省仍然拥有很大的权力。

按照日本教育法规定,国立大学和私立大学都由文部省领导,文部省拥有学校审批、人事任免、设施配备等方面的权力,各地方教育行政部门、利益集团和大学必须不折不扣地执行。

(2)在法律许可的范围内有较大的自主权

在改革中大学自治的原则得以确立,文部省对大学只能进行原则指导,各大学依据《学校教育法》和《大学设置基准》等法律法规自行管理。在资源配置上,国立大学、公立大学和私立大学分别由国家、地方和法人团体提供经费。

（3）咨询机构

日本教育行政管理的另一特色是在中央层设立有社会各界代表参加的"中央教育审议会""大学设施审议会""私立大学审议会"等组织，这些都是文部省大臣行使教育行政职权的咨询机构。

1981年，中曾根首相还设立了超越文部省的"临时教育审议会"，由中曾根首相任命政界、经济界、教育界和新闻界等有影响的25人组成，任期3年。该委员会曾提出关于日本教育改革的4个审议报告，对日本的教育改革起了极其重要的作用。

（五）德国的高等教育管理体制

1. 类似于美国的高等教育

在第二次世界大战之前，德国高等教育实行的是中央集权制，战后由于受美国影响而趋于分权。但较之于日本，德国高等教育管理体制更接近于美国模式。德国州政府拥有高等教育决策和管理的很大权力，联邦政府在法律上不具有管理高等学校的权限。

2. 主要区别

德国的高等教育与美国又有明显的区别，主要表现在：①德国联邦政府仍负责教育的总体规划，联邦政府的教育和科学部与各州的教育部共同承担某些教育管理职责，不像美国各州有那样大的独立性。②德国大学与欧洲大部分国家的大学一样，缺乏内部的竞争力，教职员纳入国家文官体系，高等教育经费以州政府和国家资助为主要渠道,不像美国大学内部的活力来自激烈的竞争机制,经费来源主要依赖市场体系,即使国家对高等教育的经费资助也往往通过市场下达。

因而,尽管形式上德国高等教育实行地方分权制,实质仍与美国的分权制不同,应视为集中与分权相结合的体制。

(六)俄罗斯的高等教育管理体制

高等教育管理体制涉及管理机构、管理方式、管理权限和高等学校内部管理诸方面。

1.在高等教育管理机构方面

俄罗斯独立后成立了两个联邦(中央)级的领导和管理机构,一是俄联邦教育部,二是俄联邦科学、高等学校和技术政策部。这同1988年以前所设的三个全国性教育管理机构——教育部、高等和中等专业教育部、职业技术教育委员会相比,显然是机构上的一种精简,但它们的职能范围不完全相同。与苏联教育部相比,俄罗斯教育部的管理范围有所扩大。前者主管学前教育、普通教育、师范(包括高师)教育和校外教育;后者除主管上述教育外,还主管初、中等职业教育。

成立俄联邦科学、高等学校和技术政策部的目的是,把科研和高等教育统一起来,从而从根本上克服苏联长期存在的教育与科研脱节的弊端。

该部的职能是领导并管理大学和师范院校以外的其他高等学校,即《俄联邦教育法》中所说的高等职业教育机构(包括各类高等学校)。该部管理高等教育的具体机构为其所辖的高等学校委员会,1993年后称俄联邦国家高等教育委员会。

2.在管理方式上

由中央集中统一和部门条块分割的管理改为分级管理。根据《俄联邦教育法》，目前俄罗斯高等教育实行联邦（中央）、部门、联邦主体（俄联邦原有89个现为66个联邦主体，由各共和国、边疆区、州、市、自治州和自治区组成）的三级管理。各级管理有其明确的权限。

（1）联邦（中央）一级

主要通过其权力机关和教育管理机关对高等教育实行宏观管理。例如，制定并实施联邦的高等教育政策，组建并领导联邦（中央）国家和部门的高等教育管理机关，任命或批准它们的领导人，确定建立、改组和撤销高等教育机构的办法，建立国家高等教育鉴定部门，对高等学校进行鉴定、验收和颁发许可证，制定国家高等教育标准和标准条例，规定高等教育培养专门人才的专业目录，编制联邦高等教育经费预算，对全国高等教育系统中的劳动关系进行法律调节等。

（2）联邦各主体

在高等教育方面则通过其权力机关和教育管理机关，制定并实施与俄联邦政策不相抵触的高等教育政策；制定本主体的高等教育法规；编制国家高等教育标准中主体部分的高等教育标准；编制本主体的高等教育预算和高等教育拨款标准；保证执行《俄联邦教育法》并检查国家高等教育标准在本主体高等教育系统中的执行情况等。

3.高等学校内部管理的体制因高等学校性质不同而异

俄罗斯高等学校内部管理的原则是民主性、国家——社会性、自主性。据此原则,高等学校自主权,特别是办学和财产使用方面的自主权较之苏联明显扩大。国立高等学校和地方高等学校实行校、系、教研室三级管理。

俄罗斯高等学校由经选举产生的代表机构——校务委员会实行总的领导,由校长实行直接管理。校务委员会每届任期5年。为了体现高等学校管理的民主性,校务委员会由高等学校各方代表组成,其中大学生和研究生的代表不得少于25%。

校务委员会的主要职能:审议并批准高等学校章程及其内部规章,选举校长(据《俄联邦教育法》规定,高等学校校长既可由高等学校集体选举产生,也可由政府任命),审议学校经济和发展中的主要问题等。俄罗斯高等学校实行校长负责制,但国立高等学校校长的地位需由俄联邦政府确定。

这说明,俄政府在提倡高等学校自治的同时,也重视高等学校领导权的宏观控制。非国立高等学校由创办人直接领导,或由创办人组建、委托的管理委员会领导。

(七)管理体制各有其优越性,也各自存在弊端

上述三种体制,就国际比较而言,很难说哪种体制绝对优或劣,因为种种体制都有利有弊。

1.实行中央集权制

有利于中央政府对全国的高等教育事业进行统一规划,有助于保证达到高等教育的质量标准,有助于提高全

国高等教育的管理效率。

2.实行地方分权制

则有利于充分发挥地方办学的积极性,有利于加强高等学校和地方的联系,更好地为地方的需要服务并办出特色,有助于开展教育实验和自由竞争,提高办学的活力。

研究国外高等教育管理体制的几种模式,可以得到启示:中央集权制的优越性,恰恰是地方分权制的弊病所在,相反,地方分权制的优越性也就是中央集权制的弊病所在。一个国家采用哪种高等教育管理体制,是受其经济、政治体制和历史文化传统等多种因素制约的,并不只是由经济体制所决定。因此,确定我国的高等教育管理体制,必须深入研究我国各方面的情况,不能照搬外国的某一种模式。

二、中国高等教育管理体制

确定一个国家的教育管理体制,必须从本国的国情出发,并且要与本国的政治经济制度、文化发展水平、历史传统及人口地域等因素相适应。

(一)建立适合我国国情的高等教育管理体制

考虑到我国是一个统一的社会主义国家,政体是民主集中制,不同于西方建立在地方分权基础上的联邦制。共同的政治经济文化,决定了我国在教育方针、教育内容、发展规模等方面必须加强宏观控制,大政方针必须坚持集中统一。

但是,我国是一个拥有13多亿人口,幅员辽阔的大国,国家缺乏把全国教育事业都包下来,实行统一管理的物质基础。我国的经济文化发展很不平衡,沿海内地、城市农村、平原山区以及不同民族地区都有很大差别,中央统一管理,势必难以适应不同地区的实际情况。因此,要建立适合我国国情的高等教育管理体制的关键,应该是在加强中央和地方两级教育部门的宏观管理的同时,进一步扩大高等学校办学自主权,做到集权与分权相结合,统一性与多样性相结合,全面规划与因地因校制宜相结合,目的是为了调动各方面的积极性和主动性,增强学校的生机和活力,使学校教育主动适应经济建设的需要。

总之,高等教育管理体制的改革应形成这样的格局:坚持以主动适应社会主义市场经济多元化要求为目的,以把学校建成相对独立的办学实体为中心,以政府转变职能、有效地实行宏观调控为关键,以实行中央、地方两级管理为依托,逐步建立起与经济体制、政治体制相适应的符合高等教育自身发展的特点和规律,具有中国特色的社会主义高等教育管理体制。

为了适应建立社会主义市场经济体制的需要,国家行政管理体制改革已逐步展开。高等教育宏观管理体制是国家行政管理体制的组成部分,是国家管理高等教育事业的组织机制。改革高等教育宏观管理体制,提高高等教育宏观管理水平,建立适合我国国情的高等教育管理体制,是一项刻不容缓的任务。

(二)原有高等教育管理体制存在的主要问题

我国原有的高等教育宏观管理体制,基本维系了第五次改革所恢复的以条块共管为主要特征的中央与地方分级分散管理体制。1985年,中共中央颁布的《关于教育体制改革的决定》再次提出"改变政府对高等教育统得过多的管理体制,在国家统一的教育方针和计划的指导下,扩大高等学校的办学自主权,加强高等学校同生产、科研和社会其他各方面的联系,使高等学校具有主动适应经济和社会发展需要的积极性和能力。"由于多方面的原因,虽然改革在小范围内取得了某些成效,但是,从全局上讲,对上述改革思路的实施还停留在酝酿、准备阶段,包括理论和经验的准备。现行的分级分散管理体制的基础是国家经济管理中的部门经济所有制和地方财政包干制。随着市场经济体制的逐步建立和国家新的经济管理制度的出台,高等教育宏观管理体制的不适应性便显露出来,分级分散管理体制在实际运行中暴露出一些问题。原有体制的弊端及其所带来的主要问题体现在以下方面。

1.条块分割,自成体系,各自封闭办学

分级分散管理体制直接导致部门和地方在低水平上重复设置高等学校和专业,造成资源配置的严重不合理。中央部门和地方分别办学并直接管理,地方政府中各业务厅局也要自己办学校,造成大的条块分割和小的条块分割,乃至大小块块、条条也分割,形成各自"小而全"的封闭体系。在条块分割的限制下,一些已经设置的院校和专业由于本部门或本地区对人才需要有限而不能发挥应有的作用。而另一些部门或地方却又根据自己有限的需要,投资新建同样或类似的院校和专业。这样使学校的规模效益很低,办学条件难以改善,严重影响了整体办学效益和办学水平。

2.管理无序

(1)管理职能无序

主要表现为宏观管理职能与微观管理职能之间的界限不明,高等教育宏观管理对高等学校的具体事务干预过多,而历次高等教育宏观管理体制改革都未涉及宏观管理职能的调整。中华人民共和国成立初期形成的高等教育主管部门对所属高等学校进行直接行政管理的模式,不管是在地方分散管理体制下,还是在中央地方分级分散管理体制下,都没有改变。

尽管历次改革调整了高等学校的隶属关系,但是,主管部门对高等学校的管理任务、管理方式都没有改变,主管部门依然包办高等学校的一切事务,不论大小主次,一概行使管理职权。

(2)分权限度无序

主要表现在中央与地方之间在高等教育宏观管理权限的划分上,界限不清,责任不明。我国1000多所公立高等学校分别由中央和地方两级政府举办。因此,客观上存在两级办学主体。不同的办学主体举办高等教育的目的是不相同的。中央一级举办的高等教育事业主要是为部门经济服务的,地方一级举办的高等教育主要是为地方经济和社会发展服务的。

关于中央与地方管理高等教育的权限,尽管有关法规规定了中央统一领导,中央与地方分级管理的原则,但是,由于法律上对统一领导和分级管理的项目和内容、责任与权限等都未作出明确的解释或界定,加上不同办学主体各自利益导向的影响,致使中央的统一领导难以实现,中央对全国高等教育事业的宏观管理失控。

3.专业大量重复设置

过去单科性院校比重过大、数量过多,造成我国高等教育在结构和布局上严重不合理。在高度集中的计划经济体制下,国家集中力量,主要按部门、按行业发展经济,与此相适应,中央部门创办的高等学校以及省级业务部门管理的高等学校多数是为本部门、本行业服务的单科性院校。这些学校因为行业性较强,许多学校按产品、甚至按产品的零部件和工艺方法设置专业,或者把本来通用性很强的专业戴上行业、部门的帽子,使专业面变窄,造成毕业生知识面较窄、适应性较差,后劲不足。

4.缺乏生机和活力

由于国家包揽办学,"统得过多,管得过死",学校缺乏办学自主权,或学校仅为行业服务,不能快速主动地根据经济、社会发展的需要和人才市场的变化,对办学的形式和内容进行相应的调整,因而缺乏生机和活力。很显然,如果不改革目前这种条块分割和"统"与"包"的体制,不解决由这种体制所造成的高等教育在结构、布局、质量、效益等方面所存在的诸多问题,我国高等教育就很难进一步健康发展,就不能适应改革开放和社会主义市场经济的需要,不能适应我国科教兴国战略、可持续发展战略以及经济增长方式转变的需要,就不可能完成为我国社会主义现代化建设服务的历史重任。

把什么样的高等教育带入21世纪,迎接国际竞争的挑战和适应我国社会主义现代化建设的需要,是摆在教育工作者面前的重要课题,也是社会各界普遍关注的问题。党中央、国务院发布的《关于教育体制改革的决定》《中国教育改革和发展纲要》以及八届全国人大第四次会议通过的《国民经济和社会发展"九五"计划和2010年远景目标纲要》都提出了高等教育改革和发展的目标。为了实现党中央、国务院提出的目标,适应和促进经济体制和经济增长方式的根本转变,适应高等教育自身的发展,必须大力深化高等教育管理体制改革。

(三)改革原有高等教育管理体制的必要性

进行高等教育管理体制改革的必要性在于以下几个方面。

1.建立社会主义市场经济体制需要改革高等教育管理体制

随着社会主义市场经济体制的建立和多种经济成分的发展,中央政府部门管理经济和企业的职能已经发生政企分开的重大变化。过去几乎封闭的"条条"在相当程度上已不复存在。适应这种变化,改革"条块分割"的办学和管理体制,就成了经济体制改革的必然要求。

在社会主义市场经济体制下,市场在资源配置中起基础性调节作用,除极少数特殊的行业之外,经济发展不再主要由行业的业务主管部门以"条条"的形式规划和组织,人才培养就应改变主要由行业的业务主管部门进行规划和组织的做法。高等教育应按照中央和省级人民政府两级管理、分工负责的原则进行规划和组织,更多地面向地方培养人才,同时兼顾行业主管部门的需要。

在"条块分割"的原有体制下,各部门、各行业的高等学校自成系统,封闭发展,高等学校虽设在地方,但却很少与地方发生关系,为地方服务不够。"条块分割"的原有体制与社会主义市场经济体制下人才培养和使用的基本趋向不相吻合,很难适应市场经济体制的需要。

此外,各行各业所需的人才越来越需要通过人才市场获得,高等学校办学应主动适应人才市场的变化。如果高等学校不能在宏观管理下依法自主办学,就很难适应人才市场的变化,培养出具有市场竞争力的社会所需要的各种合格人才。因此,必须改革原有的体制,淡化和改变学校单一的隶属关系,不断扩大高等学校的办学自主权,自觉调整服务方向,合理利用教育资源,增强高等教育为地方和区域经济服务的力度,以适应社会主义市场经济体制的需要。

2. 适应现代高等教育的发展规律

避免造成高等教育的新一轮重复建设,高等教育管理体制改革也是教育规律的客观要求。现代科学的发展越来越呈现出综合化的趋势,学科之间的相互交叉、渗透日益增多。经济、社会的发展也越来越需要更多的复合型人才。这就要求高等学校学科、专业不能过于单一。学校只有具有多种学科的氛围才有利于人才的成长和学科的发展,才能增强学校深入社会,为社会服务的能力。

因此,高等学校向多学科发展是符合教育规律的。只要有条件,发展到一定程度,单科性院校就要向多学科发展,这是一股不可阻挡的潮流。但是,在我国目前情况下,用何种方式实现高等学校向多学科或向综合的方向发展更好?是通过管理体制改革,发展多种形式的联合办学解决,还是任由每一所高等学校自我膨胀、自我发展解决?

答案只有一个,就是通过改革高等教育管理体制,大力发展多种形式的联合办学来解决。这样做效益更好,质量更高,更有利于我国高等学校布局结构的合理调整。

如果都靠自我膨胀,外延发展,各校搞许多新的学科、专业,在我国目前的情况下,势必造成高等教育的新一轮重复设置和重复建设。不仅会打乱人才的专业结构,而且是低效益的、有限的教育投入所达不到的。现在面临的局面是全国绝大部分高等学校几乎都在向多学科发展,这造成的重复建设、人才的浪费、教学质量滑坡是非常严重的。因此,抓紧进行高等教育管理体制改革是十分必要的。

3.全面提高办学的质量和效益,实现党中央提出的教育工作面临的"两个重要转变"

面对新时代的挑战,粗放型发展模式的道路是根本走不通的。经济的发展是这样,教育的发展也同样是这样。目前,我国的经济工作正在逐步实现经济体制和经济增长方式的两个根本性转变。在这种形势下,我国的教育工作必须解决好两大重要问题:一是教育要全面适应现代化建设对各类人才培养的需要,二是要全面提高办学的质量和效益。这是当前全国教育工作面临的两个重要转变。对于处在教育事业龙头地位的高等教育来说,如果不改革原有的管理体制,不解决部门和地方"条块分割"以及所造成的低水平重复建设等一系列问题,要想实现"两个重要转变"是根本不可能的。只有通过调整布局结构,改革管理体制,高等教育才能适应社会主义现代化建设的需要。

另外,抓紧进行高等教育管理体制改革,也是深化高等教育体制改革的迫切需要。高等教育管理体制改革是高等教育体制改革的重点和难点。高等教育管理体制改革不仅涉及高等教育事业本身的结构、布局、发展战略、资源配置、办学规模、效益等重大问题,而且关系到中央、地方政府的很多部门、行业、单位的管理权限、投资体制利益分配等重大问题。

对高等学校来说,高等教育管理体制的改革不仅关系到能否真正面向社会依法自主办学,而且对于调整和优化层次、科类、专业结构,提高办学水平、教育质量、办学效益等都有重要关系。高等教育管理体制中存在的诸多问题,是当前制约高等教育改革和发展的"瓶颈"因素,因而解决这些问题的要求也最迫切。从这个角度来说,抓紧进行高等教育管理体制改革,对于整个高等教育体制改革的深化有十分重要的意义。

(四)建立适合我国国情的高等教育管理体制

要建立适合我国国情的高等教育管理体制,需要着重推进以下几个方面的改革:加强省级政府的统筹决策权;加强学校办学自主权;加强社会参与管理;加强中央政府宏观调控;积极推进以联合、共建为重点的管理体制改革。

1.加强省级政府统筹决策,变"条块分割"为"条块结合"的新体制

社会主义市场经济体制的建立和现代科学技术的发展,使我国在计划经济条件下建立的"条块分割"的高等教育管理体制的弊端越来越突出。克服弊端的途径之一是加强省级政府对高等教育的统筹决策权。其主要理由有以下几方面。

(1)区域经济发展的需要

市场经济体制的建立、政治体制改革的深化,必须促进以开发优势资源为特点的区域经济的发展,因而需要相应地发展高等教育,以培养适应区域发展所需要的人才。在我国高度集中计划体制下形成的所谓"部门经济"将被削弱。

(2)增加教育投入的需要

市场经济的发展、中央机构的改革和政府职能的转变,使中央经济业务部门,特别是工业加工部门越来越难于在经费上支撑所属的高等学校。将其转由地方管理,或与地方共建、共管,是可供选择的改革模式。

(3)提高办学效益和教育质量的需要

高等教育是非义务教育,要面向社会办学,市场机制必然在一定程度上对其资源的配置起基础性的导向作用。因此,必须讲求办学效益。加强省级政府对设在本地区所有高等学校的统筹决策权,是避免低效益、低水平重复设置学校和学科(专业),实现资源配置优化,克服单科性院校培养人才知识面过窄等弊端,提高高等教育质量和办学效益的战略选择。

(4)教育地方化的需要

加强省级政府对高等教育的统筹决策权,是与国际高等教育地方化趋势相一致的。所谓高等教育地方化趋势,是指随着经济发展水平和人们普遍受教育水平的提高,高等教育办学和管理的权限逐步下移的趋势,即由中央—省—地方下移的趋势。

美国高等教育自莫利尔法令之后,是由州政府管理为主的,但近年来进一步强调要与地方社区相结合。以卡内基教学促进基金会主席波伊尔为代表的一批美国学者提出"创建新型美国学院"正是体现了这种要求。这种新型学院的基本特征是与地方社区发展相结合的。波伊尔说,高等教育将出现一种崭新的卓越模式,这一模式的学院将丰富院校、复兴社区,并给予服务以新的尊严与地位。这一新型美国学院将围绕紧迫的社会问题组织跨学科的研究所。这种学院的本科大学生将参加实地项目,把想法和现实生活联系起来。课堂与实验室的范围将拓宽,卫生所、青年中心、中小学和政府办公室都是学生们的课堂和实验室的一部分。教学人员将与第一线的实践者结成合作伙伴,这些实践者则可到校园任教并担任学生的顾问。

改革开放以来,特别是近几年,中央已经采取了若干实际措施,加强省级政府对高等教育的统筹。但是现有的权限是不够的,应该下放以下权力:能自行审批创办专科学校和高等职业学校,能自行决定本地区高等教育发展规模和年度招生计划,能自行审定本地区高等学校的学士、硕士学位授予权和增设已有博士点的博士生导师等。从长远看,这些权力都可以下放给省级政府,但需要发展和改革的过程,包括地方经济发展能提供相应的财政支持,制定相配套的法规和政策,把权力和责任统一起来,适应自我约束的机制。各地经济社会发展不平衡,上述这些权力的下放不要搞"一刀切",成熟一个,解决一个,要进行试点,总结经验,逐步推开。

2.扩大高等学校依法办学自主权,建立学校自我发展和自我约束的机制

高等教育管理体制的改革,不是简单地改变学校的隶属和投资关系,而是要把重点放在转变政府职能,扩大学校面向社会自主办学的权力,建立自我发展和自我约束的机制上。过去,我国高等学校曾经历过几度"下放"与"上收"的反复,每次反复都使学校受到不同程度的损失。其重要原因之一是只解决学校的领导关系问题,而学校对政府的依附关系依然如旧。改革高等教育管理体制,必须坚持转变政府职能,扩大学校办学自主权,使学校真正建立起主动适应经济和社会发展需要的活力和自我约束的机制。只有这样,学校才能在改变领导管理体制之后获得健康发展。

应该充分认识,扩大高等学校办学自主权,是建立与市场经济体制相适应的高等教育体制的一项重要内容。因为市场机制对高等教育的调节,是把高等学校看作生产者,而生产者在市场经济条件下,必须对其生产过程享有充分的自主决策权。按照生产功能的学说,高等学校是有别于经济生产实体的一种非营利组织,它的决策和活动是为了在竞争中求生存和发展,而不是追求获取最大利润。维持这种生存和发展主要靠两个方面:一是学校的产品,包括毕业生、科研成果和社会服务的数量、质量和规格能够在多大程度上满足社会的需求。二是需求方在人、财、物等方面的支出能力,包括学生所交的学费、政府的财政拨款、社会团体和个人的资助,以及学生的录取和教职员工的录用等。在投入与产出之间有一个过程,这个生产过

程的效率,取决于生产者的决策和活动本身。

因此,要提高高等学校"生产过程"的效率就必须使高等学校对生产过程拥有自主决策权。但是,这种自主决策权限又不同于企业。因为作为一种非营利组织,高等学校生产的最终目的是提高综合效益。这种综合效益不是用利润衡量,而是表现为学校能否满足国家、社会和个人的多方面需求。所以,学校的办学自主权又是有限度的,需要国家加强宏观调控,使其能满足社会发展的全面需要。

随着高等学校职能的扩大和它对国家、社会的重要作用的日益凸显,国家对它的宏观调控也将不断加强。所谓高等学校办学自主权,主要是指高等学校在教学、学术上应有充分的自主权,使自己培养的人才和研究开发的效果及提供的服务能最大限度地适应经济和社会发展的需要。高等学校办学自主权就是国家赋予高等学校的,能主动适应经济和社会发展要求的自我发展和自我调节的权限,而不是在封闭的系统里自我完善的能力。

扩大高等学校办学自主权的重要目标是,学校能根据本校、本地的实际,办出自己的特色,使学校多样化,使整个高等教育的层次、类型结构更加合理,以培养出满足社会多种需求的人才。

3.加强社会参与,调动各方面办学和管理的积极性

加强社会参与,是我国教育发展和改革总战略的重要组成部分,是我国社会主义市场经济发展的客观要求。因为市场经济的发展,必然导致办学主体的多元化。

(1)政府不包办教育,但仍然是办学的主体

在任何经济体制下,教育都是一个国家主权范围内的

事情。在市场经济条件下,教育是政府向社会提供公共服务的重要内容。因此,办教育属于政府行为,政府始终是办学的重要主体。

(2)教育已成为现代企业的行为

在市场经济条件下建立的现代企业制度,其重要的组成部分是以劳动力资源开发为核心的劳动力资源管理制度,教育作为劳动力资源开发的根本手段,必须成为企业的行为,企业成为重要的办学主体之一。

(3)社会力量也成为办学主体之一

人才市场、劳动力市场的发展必然加剧"竞争就业",社会和经济发展也必然进一步带动个人向高度社会化方向发展。教育在促进个体社会化、在满足人的自身发展方面所特有的功能,使它具备社会行为的属性,这些因素都促进社会力量(包括社会团体和公民等)成为办学主体之一。

国家宏观调控的重要任务之一是要通过制定政策法规,采取各种措施,充分调动各级政府、企业、社会和公民。参与办学和管理的积极性,培育和建设教育发展和改革的新的动力机制。

纵观世界高等教育发展和改革的总趋势,可以看到,市场经济越发展,科技越进步,越要求加强高等学校与社会的联系。从学校方面讲,是为了自身的生存和发展;从企业方面讲,是为了在激烈的市场竞争中求得立足之地;而社会的全面发展也越来越依靠教育。联合国教科文组织召开的面向21世纪教育国际研讨会的报告中明确指出,适应21世纪要求的教育体制应不同于目前的模式,其最重要的方面将是社会更多地参与学校和学校更多地参与社会。事实上,自20世纪60年代以来,世界许多国家都已在逐步加强"社会参与"办学和管理的体制,使之成为高等教育运行机制中十分庞大的组成部分。

4.转变政府职能,改善和加强中央政府对高等教育的宏观调控

改革过于集中统一的管理体制,仍然是今后一个时期教育体制改革的一项重要内容。首要的是转变政府职能,由对学校的直接行政管理,转变为运用立法、拨款、规划、信息服务、检查评估、政策指导和必要的行政手段进行宏观调控。

加强社会中介组织的作用,是改善和加强政府宏观管理的重要途径。国务院关于《中国教育改革和发展纲要》的实施意见中指出,为保证政府职能的转变,使重大决策经过科学的研究和论证,要建立社会中介组织,包括教育决策咨询研究机构、高等学校设置和学位评议与咨询机构、教育评估机构、教育考试机构、资格证书机构等,发挥社会各界参与教育决策和管理的作用。

政府主要对事业发展规划和招生计划、经费预算及统筹安排、教育质量、各类证书标准和学校设置标准等进行宏观调控。具体地说,就是要对教育发展的速度、规模、质量、结构进行宏观调控,使之适应经济社会发展的需要,不断提高整体的办学效益。

5.积极推进以联合、共建为重点的管理体制改革

我国过去的高等教育管理体制,基本是1952年院系调整时,按行政大区为基础和以行业行政部门为主布局的。

后来各省、区、市因本地区经济社会发展的需要又办了不少地方院校，形成了所谓"条块分割"的办学管理体制。近年来，由于社会主义市场经济体制的建立，以及国家机构的改革，政府职能的转变，更加突出了改革部门办学和管理体制的重要性和紧迫性。

中央部委原所属高等院校，相当一部分都是基础好、办学水平较高的重点院校。如何在隶属关系改变后，使这批学校不受损失，而且能通过改革得到进一步的健康发展，这是一项十分艰巨的历史性任务。中央已经做出决策：将来的高等院校，区分不同情况，采取中央部门继续办、中央和地方共建、转由地方政府办、学校之间联合、合并以及由企业（集团）和科研机构参与办学和管理等不同模式进行改革。通过部门与地方共建、合作办学，高等学校合并，与企业和社会团体协作办学等多种形式实现不同程度的联合办学。鉴于历史的经验教训，高等教育办学和管理体制的改革，必须坚持"自愿、互利"的原则，加强宏观指导，在改革的实施步骤上，先行试点，成熟一个解决一个，逐步推开；防止"一哄而起"，不可搞"一刀切"。若条件成熟，各方自愿，也应进行"下放""合并"等其他模式的改革。

高等教育管理体制的改革仍是我国当前高等教育改革的重要任务，必须使高等教育管理体制改革与高等教育发展结合起来。必须把高等教育管理体制改革与教育立法结合起来，走民主与法治的道路。高等教育体制改革必须和我国的改革开放政策相适应，以保证改革充满活力、顺利进行。高等教育体制改革必须和国家的宏观管理相结合,使我国高等教育方向明确、适应需要。高等学校管理体制改革必须有利于加强和改善党对高等学校的领导,有利于高等学校培养高质量的人才,有利于发挥校长的作用,有利于广大教职工参与民主管理,有利于高等学校提高科研水平,有利于高等学校积极为社会服务。总之,要有利于高等学校的水平提高和快速发展。

第三章 高等教育管理功能

　　功能是指事物和方法所发挥的有利作用。高等教育管理的功能是指它的管理功能,通过管理在高等教育活动中所产生的有效作用。我们研究高等教育管理在整个高等教育活动中具有什么样的功能,其实质是想从它的作用与自身利益价值来认识高等教育管理的实质及其意义,通过有效的管理,使管理中的要素运用到最佳状态,使各项管理活动尽量达到理想目标。管理的内容是通过组织的目标来确定的,围绕组织目标的实施,投入所需要的人、财、物等资源,对组织的这些资源进行有效的运用,这种资源是有形的、物化的,通过有效的规划和组织、协调和控制来进行。一般来讲,管理就是指在一个集团组织内部,确定了管理目标以后,围绕目标的实现展开的活动。所以,管理的内容就是规划、组织、协调和控制。除此之外,有人还提出管理就是计划和领导等,其实,计划就是规划的范畴,领导就是组织的范畴,至于协调就是贯穿在组织活动和活动控制过程中的范畴。所以,在这里我们要强调的是规划、组织、协调和控制四个词是动词的概念,或者是动名词的概念。

　　规划与计划的属性基本上是一致的。我们讲规划,可能偏重战略方面的意义,而计划则相对规划更偏重具体的活动。为了研究的方便,我们讲规划是有所侧重的,有时候可能规划的成分多一些，有时候可能计划的成分多一些。现在我们主要用规划来进行表述。

规划是设计整个活动过程的管理内容。有项目的总体规划，也有分步实施的具体工作计划。规划是管理活动的顶层设计，而计划则是落实规划的具体工作方案，它们在某些方面有相同之处。例如，国家和地方政府在各个时期的教育事业发展规划，如教育组织事业发展规划，我国中、东、西部地区教育布局与发展规划，我国高等职业教育发展规划等。从事业发展规划来讲，它主要包含四个方面：一是事业发展的基本思路，一般称之为指导思想；二是发展目标；三是工作步骤；四是采取的措施。在规划功能的顶层设计中，基本思路及指导思想是规划中的顶层，应该说这是最重要的。顶层设计的好坏直接影响整个管理活动的最终结果。因此，规划应该是组织或集团成员共同智慧的结晶，其中，重点反映了管理决策层的水平、能力和智慧，特别是领导者的水平、能力和智慧。政府行政层面上的规划是政府的事，是宏观管理的规划，教育机构（学校）层面上的规划是相对微观的，是教育组织发展的规划。

组织是管理活动中的主体。我们所说的组织不仅仅指组织机构，除了组织机构以外，还包括管理活动中的组织实施、组织协调。在这里，组织不仅仅是作为一个名词，有两层意思，一方面指管理活动中的组织机构；另一方面指管理中的组织活动，更多地作为一个动词来理解。只有这样，对组织的理解才会更深刻、更全面，才能去理解组织的具体内容。

协调是管理活动中的具体行动。在管理活动的组织中,涉及大量的人、财、物等资源,在分级和分权的管理中,政府行政管理层面的宏观管理、协调区域和地方政府的高等教育管理采取的是政策法规、行政手段来贯彻执行,而具体的组织管理活动是在组织机构内进行的,是微观层面上的管理活动,涉及了具体的管理活动中的人,有人、有活动就有矛盾。除了个体与个体之间的矛盾外,还有组织与组织之间的矛盾,管理就是协调解决这些矛盾的过程。

控制是达到管理目标效果的关键措施,同时,也是控制性管理中最为关键的管理过程。控制是对管理活动中的规划、组织、协调及其整个管理活动的控制,这一方面是对规划中的发展目标进展的控制;另一方面就是对管理活动的过程控制,其实,也是对规划实施过程的控制过程。规划是超前的,在规划实施的过程中,实施的环境、条件是多变的,具有不可预测性,这些因素是我们在规划的制定中应该考虑到的。因此,如果条件和环境发生变化,规划确定的目标要进行调整,也可以说是对规划实施的目标进行调控。为了活动的正常进行,不至于偏离规划中目标既定的发展方向,通过建立立法的、行政手段的、经费的控制等手段,建立工作机制,促进目标的实现。

对于高等教育管理的功能,从不同的角度可以归纳出多种不同的功能。一般来讲,人们可以认为管理就是规划、组织、协调、控制。仔细分析起来,应该从抓主要矛盾出发来看它的功能,即从两个最主要的方面来研究分析高等教育管理的功能,即高等教育管理的规划功能和控制功能。例如,对于一条高速公路的建设与管理,第一,通过规划确定这条高速公路的功能和目的;第二,确定它的技术等级与要求;第三,确定它的通车里程工程任务;第四,建设预算;第五,验收评估;第六,交付使用与运行管理。所以,规划是管理活动中前期最重要的工作,规划的好坏将直接影响管理活动的质量,控制是运行管理的手段和方法,直接影响管理活动的过程和结果。所以,重点对管理活动中的规划和控制两个功能进行研究就显得十分重要。

第一节　规划与组织功能

规划是指对事物未来的发展进行预期目标和工作计划的整体设计。从宏观上来讲,规划功能是指高等教育管理中的战略发展规划这一事物的有效作用,从微观高等教育管理来讲,是指高等学校的事业发展规划的功用。规划是管理活动中首要的任务,因此,它的功能也是我们必须先要弄清楚的。

这里的组织实际上是指项目与活动的规划出台后,具体进行的组织实施。通过组织管理运作模式和运作机制,组织和调配相应的资源实施这一计划。组织实施是管理活动中方式方法的另外一个问题,这里主要围绕高等教育中的规划问题开展讨论。

一、高等教育规划的依据

在计划经济时代,高等教育规划就是指高等教育计划。中国的高等教育计划是 20 世纪 50 年代末至 60 年代初,在世界经济大发展的背景下,受计划经济体制的影响逐步产生和发展起来的,随着市场经济体制的推进,作为影响高等教育系统发展的一种技术手段,高等教育计划通过对高等教育系统进行合理的分析,使高等教育系统能更好地满足个人和社会的需要,更有效地实现个人和社会的目标。因此,高等教育计划的产生和发展与社会经济、人口发展对高等教育的需求密切相关。

(一)高等教育规划产生的社会背景

1.经济因素

我们这里讲经济因素实际上是两个方面:一个是国家经济体制的因素;另一个是经济发展的需求问题。20世纪50年代末至60年代初是世界经济大发展的时代,伴随着这一时代经济繁荣的一个必然结果是国民对高等教育需求量的增加。而在中国,教育的需求主要与国民经济的发展需求相适应,与国家政治的需求相适应。由于国家的政治经济体制的性质决定了国民的财产与生活基本上是靠集体所有制和全民所有制来管理,国民自己所拥有的劳动剩余价值没有多少,没有什么资产,国民需求与国家教育规划没有多大的联系。随着国家政治经济体制的改革,计划经济体制向市场经济体制转变,人及其人力资本成了市场的经济体,人有了资产,人的教育需求有了经济基础,教育的需求问题不仅仅是国家的需求问题,也成为一种社会的需求,一种国民教育的需求,而不再仅仅是国家机器的需求。根据恩格尔定律,随着人们收入水平的提高,用于生活必需品方面的支出占整个收入的比例会不断下降,而用于包括教育在内的其他非生活必需品方面的支出占整个收入的比例会不断上升。

2. 人口因素

人口因素主要是指人口增长对教育需求的影响。除了经济因素外,人口因素是导致国民高等教育需求量增加的一个重要因素。第二次世界大战以后,世界人口急剧增长,这些战后出生的人,到20世纪60年代末至70年代陆续跨入了接受高等教育的年龄组,使接受高等教育的人口数量迅速增加,直接导致了高等学校在学人数的快速增长。例如,美国1959—1960年在高等学校攻读学位的人数为321万人,到1969—1970年,这一人数达到了792万人。国民对高等教育需求量的增加对高等教育规划的产生、发展起到了直接的推动作用。因为政府或社会要满足大批国民对高等教育的需求,不仅需要大量的教育资源的投入来支撑庞大的办学系统,改善办学条件,而且还要合理组织教育系统,合理利用有限的教育资源等。所有这些,显然都有赖于周密规划的保证。为此,20世纪60年代后,许多国家开始把制定高等教育事业发展规划作为政府的一项重要教育管理职能,在不少国家还建立了专门负责进行高等教育规划的机构,希望能借此确定高等教育的发展目标及高等教育系统中各个部分的先后发展顺序,为政府进行高等教育决策提供指南,使高等教育系统中资源的使用尽可能优化。总之,人口因素主要是人口增长与教育资源的矛盾问题,它是教育规划中教育规模规划的重要依据。从历史或全球来看,如果完全按照市场来决定高等教育的需求问题是不可能的,教育不可能市场化,教育问题不可能完全由市场来解决,特别是在中国,目前教育规划仍然带有国家性。这是因为,目前还有相当一部分国民还不可能完全靠自身的经济能力解决教育需求的问题,还必须依靠国家或者社会解决自身的教育需求问题,主要的解决途径还在国家,还是要依靠国家的经费投入和高等教育财政补贴。所以,国家的教育规划,特别是高等教育规划就显得十分重要。

3.人力资本因素

市场经济体制的建立,人力资本是最活跃的因素。人力资本的来源主要是通过教育的生产来达到的,人力资本需求越旺盛,教育的需求就越旺盛,人力资本的质量和水平要求越高,对高等教育质量与数量的需求就越高。随着高等教育在社会经济生活中的地位日渐提高,人们研究教育与经济关系的兴趣日浓,在这种情况下产生了人力资本理论。人力资本理论创立的动力来自经济学家对经济增长问题研究的兴趣。传统西方经济学把土地、劳动、资本看作生产的三个要素,在一定时期内,生产的产量是由劳动、资本和土地三个基本要素的投入量决定的。第二次世界大战后,西方经济学家从对经济增长中生产要素组合比例的分析中发现,影响经济增长的因素除了资本的投入和劳动的投入外还有其他因素。那么,其他的因素是什么呢?人力资本理论把这些因素归结为知识的进步、技术的改造和劳动力质量的提高,即归结为人力投资,特别是教育投资的结果。人力资本理论的核心概念是人力资本,它指的是人所拥有的诸如知识、技能及其类似可以影响从事生产性工作的能力,它是资本的形态,是未来薪金或未来偿付的源泉,人的资本形态体现在人的身上,属于人的一部分。人力资本是相对物质资本而言的,它是一种生产要素资本,对生产起促进作用,是经济增长之源泉,并且和物质资本相比,在经济活动中的作用更大,对经济增长的贡献更大。倡导人力资本理论的学者尤其重视教育投资的作用,认为教育不但是一种消费,也是一种投资活动,能够提高劳动生产率,产生经济效益。在各种人力投资形式中,教育投资是最有价值的。舒尔茨曾经指出,就美国经济增长而论,已有大量证据表明学校教育和知识的增加是经济增长的主要源泉。作为一种重要的投资活动,就个人而言,个人接受教育可以增加知识和学习技能,提高个人所得。就社会而言,教育为社会培养各类人才,提高其生产力,促进社会经济的发展。同时,由于个人的教育水平同个人的收入联系在一起,一个人的教育水平越高,其工资收入越高。因此,国家可以通过平均性的教育发展政策减少国民教育水平的差异,从而相应缩小国民收入分布的方差,最终促进社会的平等。人力资本理论对教育与经济之间关系的新认识不仅带来了人力投资革命,而且对教育界产生极大震动。无论是发达国家还是发展中国家,都把教育看成是经济发展的一个重要变量,相信教育的繁荣不仅会带来政治的安定和文化的进步,还必定会促进经济的加速发展。

(二)高等教育需求的构成

1.社会对高等教育的需求

社会对高等教育的需求反映了社会政治、经济、文化等的发展对高等教育所提供的人才数量的多寡、质量的高低、规格和种类及知识的创造、科学技术的更新等方面的要求①。具体来说,社会对高等教育的需求主要体现在以下几个方面。

(1)经济发展对高等教育的需求

随着经济的不断发展,社会对高级专门人才的需求在不断增长。就我国情况看,由于各地区、各行业生产力发展水平有很大差距,表现为多层次的生产力结构,所以,各地区、各部门对高级专门人才的需求是有差别的。另外,高新技术产业的崛起,信息时代的到来,产业结构的变化,对人力资源的组合也提出了要求,这些要求最终反映在对高等教育的需求上。从生产力发展的需求来看,为了最大限度地满足社会的教育需求,许多国家开始对高等教育系统进行分析、规划和改造,并为高等教育系统的发展制定规划。许多国际性组织,如世界银行、联合国教科文组织、经济合作与发展组织等也进行了大量的教育规划研究、培训、实践工作,推动了世界范围对高等教育事业发展规划的重视。

(2)政治发展对高等教育的需求

各个国家和政府都要维持和发展其政治体制,要保持其在国际上的竞争力。教育是有效地维持和发展现存的政治结构的重要工具。在我国,社会主义事业的发展要求有大批合格的接班人,尤其是政府部门的各级领导和管理人才。随着我国政治体制的改革和完善,国家公务员制度的实施,政治发展对高等教育的需求亦越来越大。

① 靳培培,周倩.普及化阶段高等教育人才观的重塑与践行策略[J].当代教育与文化,2021,13(06):93-101.

（3）文化发展对高等教育的需求

人类在认识和改造自然与社会的同时,也促进了自身的发展和提高。人类在长期的社会实践活动中,不仅创造、积累了光辉灿烂的人类文化,而且还要不断保持和继续创造更加灿烂的人类文化。对此,高等教育起着特殊的作用,人类文化的发展对高等教育有着巨大的需求。

2.个人对高等教育的需求

从个体对高等教育的需求上看,尽管这种需求受到很多因素的影响,但经济水平的提高是一个非常重要的因素。研究证明,人们的教育需求与他们的收入水平是密切相关的:收入水平高的国家,高等教育阶段学龄人口的入学比例也高,经济收入水平高的家庭对高等教育有很旺盛的需求。所以,高等教育的规模、层次、质量、水平等的需求是高等教育规划最基本的背景。在高等教育规划的背景中提到了个人需求与计划的关系,这里,我们更进一步分析这种需求关系。个人对高等教育的需求主要反映了个人对高等教育发展所提供的受教育机会、受教育质量的要求,这一要求是由人的职业需要、成就需要、真善美的需要所引起的。

（1）职业的需要

随着社会主义市场经济体制的建立,劳动力市场也不断走向成熟和完善。开放的劳动力市场对不同质量的劳动提供不同的市场价格。而人力素质往往由受教育程度的高低来界定:受教育程度越高,谋求理想职业和获取较高报酬的机会就越多。这促使个人及其家庭尽其所能去争取较高的及较优的教育机会,期望得到较好的工作机会及报酬。高等教育是教育层次中最高层次的教育,是专业教育,自然就成为个人职业竞争的初始焦点。从这个角度来说,个人的高等教育需求是最现实的、最迫切的。

(2)成就的需要

成就的需要包括谋求较高的社会地位,以期获得别人的尊重;发挥个人的聪明才智,获得工作的成就。这些需要的满足往往是以接受高等教育为前提的。能够接受高等教育本身就是一种成就,即学习成就的一种标志,而接受完一定程度的高等教育又为今后在工作中取得成就,为个人更好的发展奠定了基础。

(3)真善美的需要

真善美就是向往追求真理,追求人自身道德的完善,追求美的情感和事物。在某种情况下,真善美的需要不可忽视,它是人们追求高等教育的一种动机力量。真善美的需求往往不被人们重视,而实际上,但凡接受高等教育的大学生,在校园文化的熏陶下,德育、智育、体育、美育等方面都得到了一定的发展。学校德育的影响使大学生的世界观、价值观,道德上的真善美得到升华;知识的学习使大学生认识世界改造世界的能力大大增强,人变得越来越聪明,真善美的识别能力得到增强;体育不仅训练了人的形体美,而且培养了大学生欣赏体育美的能力;至于美育,既是专门教育的结果,也是整个大学校园文化综合的结果。

以上几种个人需要构成了个人追求高等教育的基本动机,体现了个人对高等教育的需求。个人和家庭是社会的一部分,所以,个人对高等教育的需求也可看作是社会对高等教育需求的组成部分,应当重视对这部分需求的研究。因为,个人的需求往往是社会需求中最敏感的部分,社会发展对高等教育提出的各种需求常常是通过个人的需求首先反映出来的。个人的需求和社会的需求有着紧密的联系,两者在很多情况下是一致的,个人的需求也会影响社会的需求。由于资源有限,社会需求和个人需求不可能都得到满足,不断地会有需求矛盾的产生,即使是富裕社会,往往也不能完全满足民众对高等教育的需求,也会产生新的需求矛盾。

因此,在高等教育的规划中,需求是根本。从一定的意义上讲,没有旺盛的需求就没有兴旺的高等教育,需求推动了高等教育的发展。

(三)高等教育规划的方法

高等教育的需求来自社会和个人两个方面,以高等教育的需求为基础的规划方法亦相应地有两种:一是人力需求法;二是社会需求法。

1.人力需求法

人力需求法是一种运用得较为广泛的规划方法。其基本假定:经济发展有赖于教育提供促进经济增长所需的各种受过教育和训练的人力,经济各部门的劳动生产率投入与产出结构是可以预测的,每一种产出和劳动生产率的水平都与一种特定的职业结构相联系;每一职业都有最佳的教育结构;技能和教育之间存在对应关系;劳动力市场的过剩或短缺通过发展教育来协调。因此,必须首先借助规划来预计要通过高等教育培育人才的数量与质量,来确定社会需求的总量及各级各类人才的数量,指导高等教育机构来完成教育任务。人力需求法的基本原理是以社会经济发展对人力的需求为出发点来制定规划。具体来讲，通过了解国家在某一时期劳动力的职业与教育结构和产出水平之间存在的联系，来确定高等教育的质量与数量。例如，一般来讲，生产价值 100 万美元的电动机需要 50 个大学毕业的工程师，如果想要提高生产值，增加到生产价值 150 万美元的电动机，按照人力需求的方法，就需要再培养 25 名具有大学毕业水平的工程师。根据人力需求法原理，如果知道了以下几个方面的数据：任何未来一年经济部门每一职业所需人力数，每一职业现在人数，每年由于死亡、退休或离职等原因造成的每一职业的减员数，每年离开一种职业又进入另一种职业的人力流动数，这样便可使规划期每一年人力总数和每一职业的人力总数定量化。假定每一职业的人力仅与一种特定的教育相联系，那么，所有教育层次和所有学科的所需产出就可计算出来。在供应方面，如果具备规划内每一年现行教育制度期望的产出数据，便可计算出目标年每一职业所需补充人力数与实际可供应数之间的差额，据此可以调整和规划各个层次和学科的招生数和毕业生数。

从经济与人力资源的需求平衡来预测和规划，应从如下几个方面考虑：①预测经济总产出。因为人力需求预测的目标是把教育与经济发展联系起来，所以，首先要预测目标年的经济总产出或预测基年与目标年之间的经济增长率。②预测部门产出。将经济总产出分解为各个部门的产出，计算出国民生产总值在各经济部门的分布。这里的部门是指国家的行业管理部门。③预测部门的劳动生产率。估算劳动生产率及基年与目标年之间劳动生产率的变化,把产出目标换算为人力需求。④预测各部门的职业结构。把每一部门的劳动力分解为职业组,统计出职业组的需求结构。⑤预测总职业结构。将全部部门同类职业所需人力相加,得到为实现经济产出目标所需的每一职业的人力数和综合职业结构。⑥估计每一职业所需的教育层次和类型或每一部门内每一职业所需的教育层次和类型。⑦估算附加人力需求。根据受过教育的各级各类人力的现有储备,考虑计划期内离职和流动人力数,得出按教育水平表示的计划期内所需附加人力数。⑧平衡人力供求。根据计划期每年的附加人力需求数和各级各类学生毕业情况,考虑毕业生的劳动参与率,规划每年各级各类学校的招生数。

2.社会需求法

社会需求法是基于人力需求法,然后从整个社会的政治、经济、文化的发展来考虑的。对于一个国家来讲,它不仅仅要考虑需求的个体、局部,更要考虑国家的整体,如地区、行业的需求,是更宏观层面上的需求。社会需求法是一种常用的高等教育规划的方法,其思想是以个人对高等教育的需求为出发点,把高等教育个人的投资和消费集合成整体,并尽可能满足个人对高等教育的需求,以这种需求为基础制定高等教育整体规划。同时,社会需求法还要站在更高的角度,预测整个社会未来可能的需求。社会需求法是以个人的教育需求为基础的规划方法,这里的社会需求是一个集合概念,它把个人的决定集合起来。从另外一个角度来讲,社会需求法的基本原理是建立一个描述教育系统的模式,用学生从一级教育向另一级教育的流动来描述教育系统的活动,那么,人口预测是其基础,升级比例是其最重要的参数,结果是毕业生就业与社会的需求平衡。特别是当一个国家的社会需求产生社会发展与教育之间的矛盾时,社会需求就会产生作用,极大地影响高等教育规划,并以此来预测和规划未来的高等教育。

3.组织发展需求法

前面我们研究的出发点是在宏观高等教育管理的基础上的,对于微观高等教育管理,学校组织的规划一般是根据上级教育行政管理部门的要求,特别是学校的发展来组织制定的。学校的发展目标、学校的资源状况是学校组织制定规划的依据,组织发展的需求是制定好规划的动力。

二、宏观高等教育规划

宏观高等教育规划是国家及政府层面上的规划,我们可以称之为战略性的规划和指导性的规划。这一层次上的规划有许多,我们主要分析有关事业发展类的规划。譬如,编制国家的高等教育事业发展规划主要有三方面的工作要做。

(一)提出规划的指导思想

规划要以国家关于高等教育发展的总方针和有关精神为指导思想,以国家教育事业发展的总规划为依据,贯彻科学发展观,加强统筹安排,控制高等学校设置的数量,提高高等学校设置的质量,调整和优化高等学校布局结构。

(二)设计规划的内容

一是总结和分析前一个时期高等教育发展的整体情况:高等教育的需求与目标完成情况;高等教育资源结构布局情况;高等教育改革情况;高等教育经费情况,特别是高等学校的经费保证和财力支持情况;高等教育办学条件情况;高等教育资源的现状,包括数量分析和结构分析。二是提出今后一段时间高等教育发展的目标。根据上一时期目标完成情况,在充分考虑现有高等教育资源的前提下,提出今后一段时间高等教育的总体规划目标,如高等教育的发展规模、发展速度、高等教育的各种结构协调、教育层次的发展等规划。三是高等教育经费财政保障。提出预算内教育经费增长的政策保障和具体措施,以此作为高等教育发展的前提。四是完成目标的步骤和措施。

(三)编制规划的程序和方法

地方高等教育事业发展规划相对于国家层面上的规划有些区别,但总的格式没有大的差异。一般来讲,地方政府的高等教育事业发展规划应根据国家的有关文件精神和要求进行编制。规划主要是以党中央、国务院关于高等教育发展的总方针和教育部的有关精神为指导思想,以地方经济社会发展的总体规划和教育事业发展的总体规划为依据,贯彻科学发展观,加强统筹安排,控制高等教育发展的数量和规模,提高高等教育的质量,调整和优化本地区高等教育布局和结构。规划的内容也基本反映在四个方面。一是本地区前期高等教育发展的整体情况,除了发展的规模、结构、质量、速度外,还有前期本地区财政性支出对高等教育支持的情况、本地区办学条件的总体情况、分析本地区高等教育资源的现状,包括数量分析和结构分析。二是根据本地区前期经济社会发展需要和今后高等教育发展的规划目标,在充分考虑现有高等教育资源尚可利用的剩余容量前提下,提出本地区今后高等教育发展的规划。此规划应包括高等教育的总体规划目标和各级各类分项目标。三是经费来源和财政保障。提出今后保证本地区高等教育经费预算年均水平比上一时期有增长的政策保障和具体措施,以此作为本地区本期间高等教育发展的前提。四是完成规划的具体步骤与措施。同时,地方高等教育规划受国家的指导和控制,国家为了保证各地方各地区高等教育的协调发展,在确定地方高等教育规划的时候,要提出审查意见,履行审批手续和程序,这体现了《高等教育法》中规定的国家对高等教育管理是高等教育管理体制所决定的。

三、规划功能分析

既然规划功能是指规划的效用,那么,规划的实质内容主要表现在两个方面:一是规划中的目标的科学性;二是为达到目标所制定工作方案的可行性。规划是一种预期设计,结果也是预期的,实际上,真正的效用要通过结果来检验,我们讲规划中的目标的科学性和方案的可行性只是一种过去经验性的思想要求。目标的科学性主要指要求目标确定是通过一定的科学程序完成的,是通过各个层面及专家系统的作用来实现的,是经过了科学的研究与论证确定的。方案的可行性也是指完成目标的工作步骤和措施是否客观,方案的设计是否考虑到了各工作要素和客观环境条件,是否与这些因素有太大的冲突等。下面我们以高等学校事业发展规划来加以说明。

(一)规划的顶层设计功能

不论是宏观高等教育管理还是微观高等教育管理,规划是顶层设计。宏观高等教育管理中的规划对于高等教育的大政方针、发展方向和发展目标都进行了宏观的规划,给出了整个国家或地区的高等教育规划发展蓝图。微观高等教育管理规划是学校组织发展的顶层设计。微观高等教育管理规划中确立的办学思想是学校发展的灵魂。例如,某学校的办学指导思想:高举中国特色社会主义伟大旗帜,坚持党的领导,坚持社会主义办学方向,全面贯彻党的教育方针,深入学习习近平总书记系列重要讲话,按照"五位一体"总体布局和"四个全面"战略布局,以创新、协调、绿色、开放、共享的发展理念统领学校改革发展全局,遵循教育规律、人才健康成长规律、科学研究规律和学科发展规律,坚持依法依规治校,以立德树人为根本任务,培养有社会责任感、创新精神和实践能力的高素质人才。从以上可以看出,学校遵循科学发展观,准确把握当代高等教育发展趋势,紧紧围绕区域经济和社会发展需求,对当前和今后一个时期学校的发展进行了科学的定位。规划要反映以下六个方面的定位:①发展目标定位。用数十年的时间,把学校建设成为优势突出、特色鲜明的高水平综合性大学。②办学类型定位。经过不懈努力,使学校由目前的教学型大学发展成为教学研究型大学。③办学层次定位。以本科教育为主,积极发展研究生教育,适度发展高等成人教育和职业技术教育,努力拓展国际合作教育。④学科门类定位。以服务行业的优势学科为特色,以工、农、文、理学科为重点,多学科多门类协调发展。⑤培养目标定位。培养基础扎实、知识面宽、综合素质高的具有创新精神和创业能力的高级专门人才。⑥服务面向定位。立足地方,面向全国,服务地方,服务行业。

国家和地区的宏观高等教育发展战略把高等教育的大政方针、目标措施等进行系统集成,成为中长期的发展战略蓝图。下面以某学校为例进行说明。在学校确定的《2006—2010年事业发展规划纲要》《"十一五"校园建设规划》《"十一五"教师队伍建设规划》《"十一五"学科建设规划》《"十一五"专业建设规划》《"十一五"科技发展规划》的基础上,进一步明确学校总体发展目标和发展战略。

第一步(2003—2005年),重组资源,融合发展。按照"整合资源、构建平台、提升层次、保障质量"的工作思路,引导学科交叉和融合,构建综合性大学的雏形。

第二步(2006—2010年),重点突破,内涵发展。按照"稳定规模、优化结构、强化优势、彰显特色"的工作思路,大力实施教育教学质量工程,不断改善办学条件,加强重点学科建设,使学校的综合实力稳居省属高等学校前列。

第三步(2011—2025年),全面提高,稳步发展。按照"突出创新、强化特色、全面提升、争创一流"的工作思路,不断提高学校教育教学水平和科学研究水平,全面增强学校的综合实力,扩大学校在国内和国际上的影响,力争通过20年的努力,建成优势突出、特色鲜明的高水平综合性大学。

规划确定学校发展的具体目标(具体内容略):①学科水平大幅提高;②人才培养质量全面提高;③办学效益明

显提高;师资队伍建设上新的台阶;④科研实力上新的台阶;⑤校园建设上新的台阶。

(二)规划提出实现目标战略的具体措施

第一,实施重点学科建设,全面提高学科建设水平。精心实施学科建设规划;创新学科管理体制和运行机制。

第二,实施"质量工程",培养高素质创新型人才。实施人才培养"质量工程";深化教育教学改革;强化学生实践动手能力。

第三,实施"人才工程",建设高素质的师资队伍。实施"人才强校"战略;营造人才成长的良好环境。

第四,实施"校园建设工程",改善小学基本条件。加快校园规划建设;大力改善办学条件。

第五,构建学术平台,增强科技创新能力。加快科技创新体系建设;推动科技与经济社会发展的结合;加强对外合作和学术交流。

第六,深化校内管理改革,提高管理水平和办学效益。完善校、院(系)两级管理模式;深化人事分配制度改革;推进后勤社会化改革。

第七,加强党建和思想政治工作,保障学校改革和发展。加强领导团队建设;加强精神文明建设;探索民主管理的运行机制。

第八,建立健全规划实施机制,确保发展目标的实现。拓宽资金筹措渠道;健全完善规划的制定、协调机制。

第二节 控制与协调功能

高等教育管理的实施过程很重要的一部分就是控制与协调。控制就是对组织运作及组织活动进行规范性干预,大都是制度性的、行政性的甚至是强制性的干预。而协调除了有些是通过控制的手段外,更多的是用技术和软性的方法来解决管理活动中的问题和矛盾,包括通过管理艺术化解矛盾。这里我们主要研究控制的问题。

一、高等教育目标控制

(一)高等教育目标控制的必要性

高等教育目标的实现程度是衡量高等教育管理效能的重要基准,也是高等教育控制的主要依据。高等教育目标又是相对于一定社会对高等教育的需求而言的,是预设的推动预期高等教育目的实现的导向和标准,因此具有预见性特征。随着时间的推移,高等教育活动主客观条件必然发生变化,不论是宏观高等教育管理还是微观高等教育管理,对高等教育目标适时进行控制和校正有其必然性。

同时,高等教育目标又深深地带有目标制定者对教育价值判断的印记(如对普通教育或学生个性应达到的结果的不同认识),而现实的教育目标的实行通常并不完全按照教育理论家或政治家的设想去进行。对于高等教育目标实现过程中出现的与理想之间的偏差自然也需要控制。

各教学和行政管理部门在贯彻和实施高等教育战略

目标及和办学目的有关的计划、程序时,往往需要制定详尽的子目标,各子目标之间是相互关联的,它们之间的协调是重要的,也是困难的。人们往往会因各自不同的目的或利益而发生矛盾甚至冲突,尤其是在功利性色彩较为浓重的组织活动中,对各自目标的追求和竞争在很大程度上代替了对总目标的无条件服从。对于子目标执行过程中出现的种种偏离总目标的行为,需要有一定的制度和机制对其实行调控。

从历史来看,高等教育发展要经历数量扩张与质量提高之间的矛盾。对数量目标或质量目标的侧重往往带有功利性目的。例如,服从于一定的政治目的(如教育机会均等),要以数量发展为保证。而从维护高等教育自身的学术地位来看,似乎应首先考虑质量目标。然而,数量发展并非没有限制。一方面,数量的过度扩张必然带来教育资源分配的紧张(尽管适当的数量规模有助于管理效益的提高);另一方面,数量的增长也可能损及局部的质量。对于高等教育质量控制,除了数量因素外,系统内部已有的制度、管理人员的素质、师生之间的互动、学生的成绩、毕业生的受欢迎程度等都是质量控制的重要内容。在此,我们拟从高等教育数量控制和质量控制两个方面简单探讨一下高等教育目标控制问题。

(二)高等教育数量目标控制

我国高等教育数量曾经历过三次大发展:1958—1960年,在校生规模从万人增加到几万人;1983—1985年,学校数从805所增加到1016所,在校生从120万人增加到179万人;1992年比1991年实际招生人数增长21.7%。我们注意到,大发展的背后也经常伴随着对原有目标的突破。例如,1992年普通高等学校本专科招生年初的计划数是62.8万人,而执行数是75.4万人;到了1993年,原计划招生总数为78.6万人,但实际执行数为92.4万人。然而,几乎每次高速增长后都要经历一个调整、整顿的过程,而且主要依赖政府的行政干预,这种反馈式控制从短期看可能是有效的。例如,到了1994年,由于政府的宏观调控政策,整个国家的招生规模基本实现零增长,但事实上,单纯的事后政策干预非但不能真正保证中国高等教育的长期健康发展,有时反而助长了发展规模上的大起大落,也就是容易出现所谓的"矫枉过正"现象。

从世界经验来看,高等教育数量扩张的原因大致有:经济起飞阶段对专门人才需求的急速增长;政府对高等教育的政策倾斜和巨大投入;某些社会大变动后造成的对高等教育政策的变革等。就中国而言,招生问题上的主要矛盾在于:政府每年对招生规模的限制与地方和学校面向社会自主办学的需要(包括招生计划编制调控上享有的自主权)。目前我国普通高等学校招生计划管理的现状:每年由教育部和计划委员会根据国家经济和社会发展的总体规划,经过综合平衡,提出当年全国普通高等学校年度招生总量,各省市和中央各部门在国家宏观计划和方针政策的指导下,根据本地区、本部门的实际需求、生源情况及所属普通高等学校的实际办学条件,编制本地区、本部门的招生计划。但问题在于,地方高等学校是由省级政府部门管理的,中央部属高等学校由主管部委管理,地方高等学校和中央部属高等学校招生计划互不相通。这种条块分割状况,造成有些院校的专业因人才需求所限而无法保证一定的规模,而有些专业人才的培养一哄而上,专业重复设置现象严重。这两者都造成资源投入上的浪费。对于各高等学校来说,在激烈的生源市场竞争中谁也不甘落后,只要政策一有松动或有可变通之处,就有可能出现招生超计划的现象。所有这些都给国家对招生数量的有效控制带来了障碍。

在对高等教育数量目标进行控制的过程中,有必要分清政府主管部门与学校两者的不同职能、权利及义务。

政府宏观调控职能,应包括以下几个方面:①向学校及时、准确发布人才需求信息(包括数量、层次、规格、专业、学科、地区需求等);②制定长远发展规划,对学校进行总体指导;③依据学校的办学条件,合理核定招生总量规模;④制定扶植学校发展的方针、政策和措施,使学校的发展不致过分地受到市场的影响,保持学校发展的相对稳定性;⑤对学校进行定期评估,并把评估结果作为学校改善办学条件、决定能否享有或继续享有一定程度招生计划自主调节权的重要手段。

学校方面若要实行招生计划自主调节的职能,则应有以下保障条件:①研究、制定学校发展的中长期发展方向、目标和总体规模,并经主管部门核定;②对学校的教学质量、科研水平、产业发展、学校管理、办学条件等应承担相应的责任;③在政府宏观指导下,学校逐步建立自我发展、自我约束和自我调节的机制。

（三）高等教育质量目标控制

1.高等教育的质量标准

将高等教育目标分解为数量目标和质量目标,是从高等教育增长方式角度来划分的。高等教育目标还可以从高等教育功能的角度来考察。例如,随着社会的进步,高等教育活动正呈现多元性:保存和传递人类已有文明成果,培养和提高公民的素质;探求未知领域,发展科学技术和文化;满足社会对人才开发及科技开发、应用等方面的要求;大学直接参与社会经济建设,服务于社区和国家建设等。这些活动同时也构成了高等教育的目标体系。由于现代高等教育具有多方面的目标与功能,因而,衡量高等教育质量的标准也不是单一的。学术标准是其中十分重要的一条,但绝非唯一。除学术标准外,还有高等教育的"适切性"问题,即是否适应社会发展的需要,是否切合受教育者身心发展及其就业的需要等。一般而言,高等教育系统内部往往倾向于强调教学、科研的学术标准,强调学科、专业的内在逻辑和科学性,而社会(包括用人单位、学生、学生家长等)更多地关注高等教育活动对现实的适切性、实用性。例如,学校课程设置、教学内容是否有利于日后就业;在缴费上学的条件下,对大学的投入能否保证更大的回报;高等学校的科研是否能向企业提供新产品、新工艺,从而给企业带来可观的经济效益。在理想状态下,高等教育质量应兼顾学术、社会需求、受教育者意愿和能力等多方面因素。在对高等学校的质量评估标准中,专家们也力图全面反映这些因素。例如,《美国南部11州高等学校资格评估指标体系》的报告,就列举了评估学生教育成果应包含的内容：在校率和毕业率；学生普通教育成绩；学生主修专业成绩；完成教育目标后学生的理解能力；学生情感发展；学生、毕业生、雇主、退学学生对专业教育质量的意见；就业率；研究生/职业教育等就业率和业绩说明；从两年制学校向四年制学校转学后的学生情况；外界对大学生和研究生成就的认可情况。

在实际操作中，诸因素兼顾是困难的。但是如果我们根据不同的质量标准（尤其是学术标准），将高等学校作适度分级，问题的思路可能会变得清晰些。同一课程在不同性质的学校的专业里，其学术性程度是不同的，衡量这门课程的质量标准自然也不同。例如，工科教育中的数学课和理科教育中的数学课是不一样的，前者强调数学作为一门工具性课程的实用价值，而后者十分注重数学课的逻辑性、探索性。推而广之，每所学校根据不同的功能定位，其学术水平的要求可以有差异，每一层次的学校可以在同类中进行竞争，从而进一步进入更高层次的学校行列。正如美国学者伯顿所说："高等学校的分级制度可以而且往往是质量控制的一种管理形式。它利用公众舆论和院校评议，根据觉察到的能力给各校以应有的地位、尊重和待遇。"

截至目前，高等教育的质量标准没有统一之说，宏观的质量标准反映在适应度上，主要是指高等教育与社会经济发展的适应度。科学技术与科学文化知识创新水平、培养的人力资源的数量与质量是高等教育适应度的主要内容①。高等教育组织办学的质量标准正在探索和完善,特别是综合考察学校办学的质量、水平、效益等,已经逐步成为高等教育质量标准的主要内容。目前我国评价大学质量标准方面的研究有些进展,但主要是在教学与学术方面,还不完全是学校的整体质量。

2.高等教育质量控制手段

从时间上看,高等教育质量控制可分三类。

(1)前馈控制

前馈控制的主要内容是指对高等教育质量设置的过程进行控制,对高等教育质量运行的方案设计进行控制,尽量对将要出现的问题予以避免。

(2)过程控制

它关注高等教育质量活动过程与高等教育目标的契合程度。在高等教育运行中,不断设置一些中期评价,以对出现的问题做出诊断调整,使运行过程不致在偏离目标太远的时候才去采取校正措施,最大限度地保证高等教育质量。

(3)反馈控制

反馈控制绝不是活动全部结束了,对活动的结果进行信息反馈来加以控制,这是一个误解。反馈控制仍然是在管理活动的过程中,对于某项活动的运行状况随时进行信息反馈和控制,当然,这一活动一定是指一个有结论的过程。当然,终结反馈也是必要的,终结反馈的结果只能是对下一个循环进行调控。要注意反馈信息渠道的正常与

---

①秦福利.高等教育质量:内涵、特征与对立统一性分析[J].黑龙江高教研究,2021,39(03):35-40.

多元,避免错误反馈。通过建立专业性鉴定委员会等方式加强反馈信息的权威性,不应将事后的质量评估视为工作的终了,而应积极地为新一轮工作、活动提供质量控制、工作改进的建议。

高等教育的质量控制还有评估、标准化质量管理等其他控制手段。

二、高等教育行为控制

规范高等教育的行为是高等教育管理控制功能的首要任务。高等教育行为必须得到控制的两个方面:一是高等教育的方向性;二是高等教育各项活动的行为规范性。

(一)高等教育的政治方向

根据教育的国家性和民族性,一个国家的高等教育不可能完全没有政治性。在阶级社会,有些事关国家政治、军事、经济、文化安全的知识和技术是有国界的,这是不言而喻的。从国家的民族性和人才战略来讲,人力资本除了是自身的以外,还有一部分是国家的,因为中国的高等教育不完全是自费教育,这里有国家的投入,为国家服务是每一个受教育者的责任,从这一个角度来讲是一个政治问题。那么,国家对高等教育的政治方向的控制也就成了必然。

(二)高等教育各项活动的行为规范性

1.高等教育组织行为的管理

从微观高等教育管理来看,高等教育领域的教学与科研活动属于高智力型。高等学校的教师和学生致力于知识的探索与传播,他们在实现高等教育目标的活动中的各种行为有别于其他社会组织。不过,普通的组织行为管理技术对于高等教育系统中的行为控制仍然是很有价值的。它立足于人的行为和环境的相互作用,试图通过对环境条件的控制以实现对人的行为的控制,从而促使人的行为向预期的方向发展。

2.组织行为的修正

组织行为的修正主要针对那些与完成工作任务不一致或不协调的行为,因为它们不仅会影响组织目标的实现,而且还会导致组织的功能障碍,威胁到组织的生存。这种组织行为修正技术包括以下五个环节。

第一,鉴别与工作有关的行为事件。和组织行为管理技术一样,它特别重视外显的行为,而不重视态度之类不可直接观察的变量。它只鉴别与工作有关的事件,而不考虑与工作无关的事件。

第二,测量行为。它包括观察行为,记录行为,然后根据记录的结果描述各种行为,以引起人们对这种行为的注意。

第三,对行为进行功能分析。它包括将行为和各种环境变量分解成功能因素,找出行为和环境变量(事件)之间的关系。最后找出影响和控制行为的因素,为修正行为提供科学基础。

第四,寻找修正行为的途径和方法。包括三个步骤:在分析行为功能的基础上分析行为与环境事件的联系,找出因果关系链,并确定采用何种方法去修正行为;应用和实施修正技术,通常的手段有强化、惩罚、消退或这些手段的相互结合;采取适当的强化方案,维持期望的行为。

第五,对整个工作进行评价,以确定修正的方法是否妥当,为以后碰到类似的问题提供科学依据。

三、高等教育财务控制

高等教育财务控制是高等教育系统内部各组织借助于对货币资金的筹集、分配和使用采取的一整套管理和监督方法,从而使有限的教育经费得以最大限度地发挥效能,达到预期目标的过程。与其他社会系统的财务控制类似,高等教育财务控制大致也包括预算、会计、决算、审计几种活动。

(一)高等教育的财务预算

高等教育的财务预算主要是指对高等教育事业经费的编制、分配、执行、调整和分析等一系列的过程。高等教育预算过程的基本目的是确定从中央到地方主管部门、从大学到学院、从学院到系科、从系科到教学科研人员等的资源分配和调整。在确定预算拨款时,要对资源可选用的方案作出明确的抉择。因此,高等教育预算的核心问题是根据什么把X款项拨给A项活动而不拨给B项活动。

高等教育的财务预算工作具有计划性,可以看作计划工作的一部分,同时它也可被视为管理工作中的控制手段,是一种典型的前馈控制。一般来说,它具有以下特点:第一,预算以价值计算的形式定期进行;第二,预算按一定的组织系统自上而下有序进行;第三,预算的目的是保证教育计划的顺利实施,促进教育效益的不断提高。

根据不同的方法,高等教育的财务预算可以有不同的种类。如按其编审程序可分为若干种。

概算:拟编下年度预算的估计数字。

拟定预算:未经一定程序核定的年度收入计划。

法定预算:经过一定程序审批生效的正式预算。

分配预算:按法定预算确定的范围来分配实施的预算。

如按时间的先后顺序,则可分为四种。

经常预算:正式的常规预算。

临时预算:正式预算确立之前暂时实行的假定预算。

追加预算:在原核定的预算总额以外增加收入或支出的数字。

非常预算:为应付意外事件所做的特殊预算。

通过对高等教育财务预算的实践和研究,我们介绍几种预算的编制方法。

1.追加预算法

这种预算方法允许学校预算中对每一单项进行追加,其主要依据是,现时的拨款根据是适宜的,而当前的计划方案要以现有的形式持续下去。这种追加预算法被认为是利益群体已经赢得了一段时间支配权的标志。这种方法的优点在于其稳定性和可预期性,其缺点在于不能充分鼓励学校去鉴别现有计划是否完备或是否有必要取消现有无效的计划。

2.非定额预算法

这一方法要求每个院校的财务计划部门在该单位领导认为适当的水平上提出计划所需的预算申请。通常由单位领导同主管预算的人员进行协商,调整预算额以便与可利用资金相吻合。其优点是单位参与预算制定的机会增加了,其缺点是申请额与实际到位资金通常不一致,对最后分配决策缺乏明确的准则。

3.定额预算法

亦称为"一次总付性"预算。它同非定额预算法刚好相反,院校财务部门得到一定数量的拨款,并须按此拨款数额建立起单项预算。其优点是单项预算权分散,可以促进各单位计划的灵活性和有效性,其缺点是中央行政机构对原先预算额的静止或依赖与各单位实际情况的千变万化形成明显的反差,整体上缺乏灵活性。

4.备用水平预算法

这种预算方法要求准备若干个不同水平的预算标准,如按通常水准上下各浮动5%。中央行政机构则根据不同水平的预算方案,判别各单位业务人员的水平,对单位内项目优先次序和项目评价详情进行大致分类。

5.公式计算预算法

此方法通常以在校人数及学时数为依据,总的预算分配到每个单位的相对份额会因公式变量的变化而变化。在此种方法下,具有同等要求的高等学校或项目可得到相似的资金。但也有人认为,如果在入学人数激增期间可以达到这项标准,那么在人数动荡不定或呈长期下降趋势时,它就难以维持了。另外,对于特殊的任务或短期需要,这种方法就显得无能为力了。

6.合理预算法

高等教育系统中,除了中央和省市级的预算外,最普遍的还是高等学校一级的预算。随着教育改革的深入,我国的高等教育体制正发生深刻的变化,高等学校经费的来源也由单一型向多元化方向发展,这无疑对高等学校的预算工作提出了新的课题。过去主要是支出预算,一般只要入学人数和国家财政收入持续增加,高等教育传统的预算方法大致可以满足大部分高等学校的需要。而现在需要进一步增加收入预算,对于预算的分配与调整,目前也面临许多棘手的问题。例如,供需矛盾更加突出,各校普遍感到经费不足;经费使用不尽合理,导致使用效益低下;此外,还存在浪费现象严重等问题。

由于经费的使用权和审批权被人为地机械操作或死板地管理,以至于出现这样的现象:还不到年底A单位的经费就被用完了,而B单位到年底还剩一大笔钱,于是突击花钱。两个单位经费使用效益均低下。

20世纪60年代后期,世界上出现了建立在传统经济效率基础上所谓的"合理预算法",其中有两种主要模式:一是使用高度集中的宏观经济理论方法来制定预算的计划、程序和预算系统法;二是使用更微观的经济概念,以分散化为特点的零点预算法。

计划、程序和预算系统法试图通过将计划的目标结果作为高等学校执行预算的必要的组成部分,把预算和计划合二为一。美国审计总署对计划、程序和预算系统法下的定义:制订计划包括对该组织的长期总目标进行选择与鉴定,以及根据费用、效益对各种实施过程进行系统分析;程序上要求在贯彻执行计划之前决定具体的行动步骤;预算编制承担着将计划决策和程序决策转变成具体的财政计划的任务。传统的预算方法不以产出为指导,强调过去甚于强调将来,强调对资源的需求而不是其使用结果,不强调资源如何与目标联系。而计划、程序和预算系统对各项目标有明晰的考虑,着眼于多年而非仅仅一年的所需费用,对实现目标的各种手段加以分析,以及对各种预算选择的利益或效用进行评价等。

计划、程序和预算系统法主要涉及基本政策的制定及高度集中的、自上而下的决策行为。而零点预算法却是把目标转换成有效行动计划的一种微观经济学方法。它要求对每年的每项活动从零开始重新进行全面论证,以建立新的预算。具体而言,此种方法有以下四个步骤:一是每个预算单位要制定出描述一项活动、功能或目标的一系列决策方案,并阐明供选择的服务等级;二是预算申请要按递增顺序从低水平到高水平排列;三是对不同经费增加额的影响要进行论证;四是增值决策方案要按优先次序排列。决策方案应包括决策单位的目标、设想活动或其他方案的具体描述、活动的费用及效益、工作量及成绩的测定、不同水准上的工作及其收益。总之,零点预算模式的核心是对提供选择的支出方案进行规范化比较。

(二)高等教育的会计与决算

在高等学校,会计是以货币为主要计量单位对学校的经济活动和预算执行过程及其结果进行反映、监督和管理的一种财务控制方式。它包括三个部分:第一,会计核算。根据学校的经济活动和预算执行过程及其结果,连续地进行记录和计算,并根据记录和计算的资料编制报表。第二,会计分析。根据会计账簿、会计报表及其他资料,对财务情况进行分析研究。第三,会计检查。根据会计凭证、账簿、报表和其他资料,对有关单位业务活动的合法性、合理性、会计核算资料的正确性和财政政策及财经纪律的执行情况进行检查。

会计的基本职能在于反映和监督一定范围内的资金使用情况。会计的任务主要包括：第一，根据有关法令和规定来编制并执行预算；第二，进行经济核算，加强现金管理，做好结算和核算，提高资金使用效益；第三，对高等学校的所有经济活动进行正确、完整、及时的记录，编制凭证，登记入账，上报会计报表。

高等学校的决算是执行预算的总结，是反映全校年度预算结算的书面报告。预算年度结束时，学校的财务活动便进入决算编制阶段。决算的编制一般分六个步骤：第一，拟定和下达编制决算的规定；第二，进行年终收支清理；第三，制定和颁发决算表格；第四，进行年终结账；第五，编制决算；第六，上报。

（三）高等教育的审计

高等教育的财务审计分为国家审计和部门审计，在必要的情况下，还有司法审计。在高等学校，审计工作是对会计账目进行检查，对有关的财政或财务收支活动情况进行监督的一种财务控制活动。审计主要对财务活动的以下五个方面作出判断：①合理性。即指审核检查的经济活动是否符合有关规章制度的要求。②合法性。即指审核检查的经济活动是否符合国家的法律、政策、法令或条例。③合规性。即指审核检查的经济活动是否在正常或特定的情景下应该发生，是否符合学校管理的原则。④有效性。即指审核检查的经济活动有无经济效益。⑤真实性或公允性。即指审核检查经济活动的资料是否如实、适当地反映它所要表现的经济活动。

审计按其内容和目的可分为以下两大类：①财政财务审计与经济效益审计。前者是审核检查财政财务活动，目的是对这类活动的合规性、合法性做出判断；后者是以实现经济效益的程度和途径为审查内容，目的在于提高经济效益。②按照审计主体与被审单位之间的关系，审计又可分为外部审计与内部审计。外部审计是指由被审单位以外的国家审计机关、上级审计部门或民间审计组织进行的审计。内部审计是由本校审计部门进行的审计。

国家对审计部门的各项任务作出了详尽的规定，其中主要有以下几个方面：①对财务收支计划、经费预算、经济合同等方面的执行情况进行监督。②对内部控制制度的健全、有效与否及执行情况进行监督检查。③对会计报表和决算的真实、正确、合规、合法情况进行审计并签署意见。④对严重违反财经法纪的行为进行专案审计。

为了完成对高等学校财务的审计活动，审计部门拥有以下主要职权：①检查有关的会计凭证、账簿、报表、决算、资金、财产。②查阅有关的文件、资料；召开或参加有关会议。③对有关人员或问题进行调查并索取有关材料。④提出有关意见和建议。⑤对各种不按规定、违反财经法纪的人员或做法提出处理措施，并向有关领导部门反映审计结果。

审计工作中还有一个重要的方面，就是以各项作业为对象，以审查各项作业财务上的合法性与经济上的合理性及有效性为目的的作业审计。例如，对引进某种仪器设备的作业，对进行某项教学改革的作业，都可以进行作业审计。作业审计不但要运用财务审计的一些方法,而且还要运用一些技术分析方法,如网络计划技术、线性规划技术、价值工程和价值分析技术等。作业审计不仅要审查与作业有关的财务问题,还要审查对作业的管理水平,它可在作业项目的事前、事中或事后进行。

审计工作中另一个重要方面就是合同审计。目前,随着高等教育的发展,高等学校与社会经济生活建立了越来越广泛的联系,与高等学校有关的各种类型的合同越来越多。合同是不同法人之间为实现一定目的,明确相互权利义务关系而订立的协议。它涉及有关法规、规定,需要就合同的合法性、有效性和完整性进行审计,因此合同审计对于保障合同双方的合法权益非常重要。具体而言,合同审计的主要内容有以下几个方面:检查合同管理制度是否健全;检查签约双方是否合格,是否具有执行合同的能力和诚意;检查合同内容是否符合有关法律、法令和条例;检查合同是否完备,措辞是否准确;检查合同内容是否可行。

四、高等教育的宏观调控

高等教育的控制不仅仅包括一些技术性的环节,而且在发展过程中与制度性的宏观调控水平高低有关。这种宏观调控对高等教育发展的影响力往往更为深远。这里所指的宏观调控手段包括高等教育立法、高等教育政策、高等教育财政拨款等。

(一)高等教育立法

长期以来,中国高等教育管理与计划经济相适应,高等教育接受中央集中统一领导,法律的效用实际并不明显,所颁布的有关法规大多以"暂行条例""试行草案""讨论稿""纲领""通知""指示""会议纪要"等形式出现。这些法规缺乏法律应有的稳定性和科学性。高等教育法规变化频繁是高等教育平稳发展的又一大障碍,这体现在对管理制度规定的措辞经常性地变化。同时,对措辞本身的解释通常也模棱两可,不够准确,自然也就缺乏可操作性。另外,从法规的内容看,也有失全面。这表现在法规内容调整教育内部关系的多、调整教育与外部关系的少,规范学校的多、规范教育行政领导部门的少,法规的限制性条款多、保护性条款少,义务多、权利少,如很少具体明确学校、教师、学生的办学权、教学权和学习权。

1999年1月,中华人民共和国第一部《高等教育法》正式施行。这部法律不仅高度总结概括了20年来在我国高等教育改革中取得的成功经验,而且明确了今后改革的原则与方向。但结合实际看,有些原则和方向仍需进一步澄清。例如,该法第十一条规定的"高等学校应当面向社会,依法自主办学,实行民主管理";第十条规定"国家依法保障高等学校中的科学研究、文学艺术创作和其他文化活动的自由";第三十条规定"高等学校的校长为高等学校的法定代表人",这些条款的要求与现实之间尚有较大距离。因此,《高等教育法》的真正落实将有一个过程。

(二)高等教育政策

市场经济条件下,高等教育也将受市场这只"无形的手"的控制:高等学校以自己的办学特色多样、专业各异展开对生源市场的竞争;政府与高等学校之间通过科研成果的买卖关系,使后者从前者那里获取研究经费,促进学术水平的提高;学校通过对教师和行政人员的评聘,促进学校内部办学机制的改善,形成不同的学校类型、学科及教育层次。那么,在法律形成滞后时,政府的高等教育政策必须适时作出调整,以保证上述高等教育运作的顺利进行。实践表明,如何保持行政干预(以政策形式)和市场调节的平衡是一个重大而棘手的课题。对于习惯于计划经济思维模式的决策者来说,要真正具有适应并驾驭市场的能力,还有很长一段路要走。尤其是在当前形势下,对高等教育本质的认识在不断深化,很多人习以为常的观念将受到形势发展的强劲挑战。高等教育政策理应更有前瞻性,而不是滞后于形势的发展。高等教育的决策过程必须走向科学化、规范化。政策的实施过程必须有强有力的制度保障和监督,否则,政策实施过程中将避免不了长官意识、阳奉阴违,高等教育政策的宏观调控作用不但不能得到发挥反而有可能耽误高等教育的发展,造成高等教育质量和效益的下降。

(三)高等教育财政拨款

高等教育财政以其拨款的原则和标准来引导、控制高等教育发展的方向。例如,在美国采取"卓越质量原则",鼓励公平竞争,因而财政资助大部分集中到少数历史悠久、研究力量雄厚的著名大学,其中大多数为私立大学。此外,美国联邦政府还给高等学校其他形式的间接资助,如减少那些资助高等教育的个人或组织的税收等。在中国,科研经费的发放由有关机构、各级政府设立的多种科学基金组织,以课题项目方式向社会招标,高等学校、研究机构均可提出申请。事实上,各校获得经费资助的机会并不均等,一般教育部所属的重点大学往往获益较多。在"条(中央、地方)块(省、部委)分割"的管理体制下,部属和省属院校之间获得的科研经费存在较大悬殊。在此种制度下,由于缺乏足够的公平竞争机制,通过财政资助方式去引导学校向质量卓越方向发展的愿望自然无法真正实现。过去几年,考虑到国家对高等教育有重点发展的要求,各省均对自己管辖的重点大学积极投资,扶植重点学科、专业,较好地将财政资助中"点与面,中央与地方"结合起来,使高等教育与地方建设的关系更为密切。当然,这种资助方式的实效有待更长时间的检验。就目前情形而言,高等教育资助中仍然存在如何公正、公平、公开配置有限资源的问题,一些地处较发达地区的高等学校因为新的资助政策,往往比那些处于落后地区的高等学校享受到更多的好处。在这种趋势下,高等教育必然只能走"非均衡"发展的道路,但问题的关键似乎不仅仅在资助方式本身,高等学校自主发展空间和权利才是决定性因素。

第四章 高等教育管理体制效率提升策略

第一节 我国高等教育管理体制低效率的成因

高等教育管理体制效率低下是由于管理体制三个方面的发展不完善引起的。首先,权利归属关系复杂不清,即产权不清晰;其次,由于组织机构缺乏灵活性,缺乏创新,导致机构僵化;最后,由于高校运行机制的错位,影响了高等教育的发展。在系统地分析高校内部管理体制效率低下原因之前,我们要了解几个概念。

一、高等教育管理的相关概念

(一)高校产权

高校产权是指若干权力的集合,是高校在生产、分配、交换、消费高等教育产品与服务过程中形成的人、组织之间权责关系的一系列契约。包括高等院校管理权、所有权以及收益权[①]。

1.管理权

首先是指国家对高等教育行为所实施的管理的权力,

---

①曹光荣,黎嫦娟.关于高校治理结构理论和实践问题的思考[J].当代教育论坛,2005(15):81-84.

表现为政府对高等教育的行政管理。

其次是指高等院校自身对内部组织所实施的管理权力,表现为高校的自主管理。

2.所有权

包括高校财产所有权和学校所有权。

高校财产所有权是指经济主体对投入学校的生产性要素或资源的所有权,包括物质资本所有权和人力资本所有权。

学校所有权是指对投入学校的资本,包括物质和人力资本进行运营的实际控制权,分为剩余控制权和特定控制权。

3.收益权

是指所有权在经济上的实现形式,主要形式包括:名誉权,教师和教室等场地租金、培训的收益以及二级学院的收益等。

(二)组织机构

高等院校组织结构一般分为3种类型。

1.直线职能制组织机构

是指直线领导机构人员,按命令统一原则对各级组织行使指挥权,并对自己部门的工作负全部责任。我国大部分高校都采用这种组织模式,这种模式既保证了高校内部管理体系的集中统一,又充分发挥了各机构的作用,但这种组织由于过度僵化,容易导致职能部门之间协调与沟通能力下降,办事效率低下。

2.事业部制组织机构

是指分级管理和核算的组织机构形式,这种组织形式常被多校区大学采用,进行分区管理和核算。这种组织形式的好处是实行独立核算,更有利于组织专业化和实现组织的内部协作,缺点在于机构重叠造成管理人员的浪费,影响高校各区部之间的协作。

3.矩阵制组织机构

在这种机构形式下,既有按职能划分的垂直领导系统,又有按活动内容划分的横向领导关系。目前,高校都采用这种模式作为发展趋势,它既解决了直线型组织机构的缺点,又消除了事业部组织机构的缺陷,集中两者优点,提高了高校内部组织的效率。

(三)运行机制

运行机制是指在一定机体内各种构成要素之间相互联系和作用的制约关系及其功能。在机制整体运行中,所构成的各要素之间的配置方式和组织形式以及调节功能不同,则运行机制所达到的效果就不同,一定的运行机制是在一定的体制下形成的。

高校是传播文明、创造精神财富的重要源泉。高等教育的改革创新、科学运行对整个社会物质文明建设和精神文明建设有辅助作用。高校能够科学地建立行之有效的运行机制,是加强物质文明建设和精神文明建设的重要举措。

二、我国高等教育产权问题

清晰界定、保护教育产权是提升高等教育管理体制效率的基本要求。全面建立健全现代教育产权制度,将是我国社会主义市场经济改革和精神文明建设的焦点问题。

建立健全适应市场机制的现代教育产权制度是市场配置教育资源的先决条件。教育市场的完善程度及其有效性决定和影响着教育资源配置的有效性。只有"产权明晰、权责明确、政校分开、管理科学",才可能有效地规范教育资源市场配置后的办学行为和资源经营风险。当下,高等教育产权问题表现为以下几个方面。

(一)所有权与管理权的模糊

在国内教育市场机制不健全、不完善的情况下,我国教育体制改革和教育资源配置面临诸多机制性和政策性障碍,最为突出的是资源配置的主体不明确、目标不清晰、保障不完善、缺乏健全的法规政策支持等。

从经济学角度讲,高校的人力物力财产的投资方要对其投资行为负责,并从中获得利益,必然具有管理的权利。作为一个大的系统,高校的经营和管理工作十分复杂,投资办学的投资方并没有办学能力,因此通过委托的方式,委托相关代理人从事管理和办学活动。

政府是高等教育供给的核心力量,高等教育作为准公共产品,政府的大力兴办是必不可少的,因此政府应成为高等教育投资的最大主体。但政府对教育领域各种事务进行过多干预,任意扩大政府权力的行使边界,导致官僚行为在高校持续增长,这不仅使高等教育管理体制效率滑坡,还导致了政府失灵状况的发生。

政府应该通过建立高等教育机构,对高等教育产品和服务进行直接生产,或者通过预算或政策安排等方式将高等教育产品和服务委托给社会部门生产。

（二）收益权的不确定

关于教育能否盈利的问题近几年争议颇多。产权总是与利益相联系的，无利益的产权是不存在的，产权利益是主体之间维持关系的目的和本质所在。

教育产权的利益主体既包括教育投资者，也包括教育产权的各种权利在分解条件下的承担者，即教职员工。高等教育在生产与经营之后所得的利益和利润要进行规范管理。

1. 对高等教育收益额进行限制

因为高等教育的独特性，消费者和学校信息不对称，收费成本难以计量，所以对高校收费价格要通过听证会制度、物价部门审核等办法进行规范。

2. 对收益盈利的归属权进行分配

国家通过法律对利润在各权利主体间分配比例、对积累与分配的比例进行限制，积累要大于分配，保证盈利主要用于学校发展，少部分用于投资者回报。

3. 通过税收政策调节投资者的回报率

调节流出教育领域的资金，鼓励投资者的利润继续投入学校的发展。

（三）高校管理权的混乱

在学校内部管理上，高校没有真正改变其主管部门附属机构地位，且面向社会自主办学能力有限，难以适应社会需要发展。在中央宏观管理下，以地方统筹为主的新机制虽已建立，但面临新的教育体制改革形式，各地缺乏经验并缺乏适应改革新形势的高等教育的管理人才。

三、高校内部组织结构缺陷

我国高等教育体制过去长期具有科层制官僚组织的特性。高校的组织自主性得不到有力的支持,导致高校组织结构功能过于僵化,缺乏灵活性、创造性,不能应对当前高等教育改革形势。这些主要表现在以下几个方面。

(一)行政、市场、学术力量的失衡

我国高等教育事业管理模式是以行政主导为方向,任何重大事项都交由行政高层决定,行政主导还往往存在于科研活动和学术研究中。由于长期依赖政府,大学在应对市场挑战时,缺少创新意识,墨守成规,不会从根本上改革制度,也很少用社会力量及手段来改变组织机构,从而导致市场对高校激励以及约束的能力弱化。

(二)科层制诱发大学组织机构僵化

马克斯·韦伯的科层组织理论是按照权力等级和严格的纪律理性建立起来的。正因为多种传统因素的存在,我国高校组织内部大多是传统的科层制模式,但是这造成了大学组织内部机构烦冗,部门设置不灵活,使机构复杂庞大。根据层级原理,学校一级配备了完备的职能部门管理学校总体的职能活动,在院系一级又配备相应的职能部门管理院系内部的职能活动。

(三)稳定性与灵活性失衡

在金字塔式的组织结构模式下,高校的组织机构以及内外环境稳定,但随着社会的多元化发展,高校的目标职能日益多样化、学科的多元化和科研成果的相容性成为当今大学发展的大体趋向。但是,由于大学体制内部组织机

构科层严密,部门之间相互依赖性弱,各个系统部门处于相互独立、封闭的状态,这就对高校内部各个学科之间的交流与合作造成影响,高校教研工作的项目团队也就不能满足社会对跨学科交叉知识的需求。

四、高等教育运行机制的错位

我国高等教育运行机制主要问题:高校的专业结构与社会需求结构错位,人才培养与经济和社会发展脱节,高校内部招生、培养和就业三个工作环节条块分割等。

一边是大学生求职难,一边是很多单位招不到合适的人才。这种结构性矛盾反映了高校办学目标与市场需求的错位,主要表现在高校专业学科设置和经济社会需求的不匹配,并且由此导致了人才需求结构性的短缺,这已经成为高等教育事业发展中亟须改革的关键问题。

(一)专业学术定位和社会需求定位的错位

1.人才的市场定位被专业的学术定位所取代

从学术方面看,学生接受高校提供的一手资料是大学教育的首要任务,但需要注意的是传统上的经验性书本知识并不构成人才素质结构的全部内容。与现代经济社会发展相适应的人才素质架构应该包括生活态度、健康的心理、健全的体魄和科学的价值观等许多内容,同时学校还应积极引导学生掌握相应的职业技能,使其能够根据市场职业的动向准确及时地做出相应调整。

因此,专业并非一成不变的,而应该用发展的眼光来看待,将其视作一个相对动态的培养体系。除此之外,专业的定位涉及范围视线要宽广,不仅包括学校已有的办学条件和相关的学科背景,而且还要考察学校之外的产业领域及各区域的经济结构,并做好配套的社会市场调研工作。

总而言之,就是要把专业设置目标、人才培养计划、社会市场需求结构三者有机结合在一起,予以综合考虑,力求避免错位。

2.学术培养被市场定位所否定

一直以来,我国高校培养体系存在着市场定位与学术培养定位脱节的矛盾,近年来尤为突出。从现有的情况来看,许多高校在制订培养计划时容易犯"时尚"病,往往强调热门性专业,或者将某项技能独立出来,就像是"把学生工具化",忽视学生作为社会的人所必须具备的其他素质的养成,把学生当作"产品"进行加工,导致学生丧失个性和创造力,使教育丧失创新的基本功能。

(二)人才培养与经济发展的错位

一是人才培养与经济发展和经济结构调整节奏的不匹配。从而使社会发展对学科专业需求的错位。二是在追求短期经济效益的背景下,热门专业设置热度不减。在以就业率论英雄的背景下,高校专业调整的速度面临着利益至上的微观取向和遵循教育规律、办好冷门专业的两难选择。

(三)高等教育就业机制的不合理

1.高等教育就业人才指向偏颇

大部分高校为了扩大院校规模,为了申办学术型大学或者综合型大学,在办学目标和定位方面,盲目地提高学校的专业设置、师资力量等软件条件,一味地求大、求全面,这就产生了高校与现实社会和经济发展相脱离的现象。这些高校盲目培养高端人才,在办学目标和人才培养方案的设计上忽视了对基层人才的需求情况,造成毕业的大学生"不上不下"的两难境地。

2.就业工作机制不合理

高校就业工作机构设置主要有以下两种形式:一是就业指导中心与学生处联合办公;二是就业指导中心单独设立。这两种模式有着共同的缺陷,就是就业指导与学生处等机构是脱离的,从而出现了就业与招生挂钩难、就业促进人才培养调整难的两难现象,其主要原因是这两个机构之间缺乏沟通协调,特别是招生、教务机构难以服从就业行政部门的调配。这种脱离和僵化关系会导致就业滞销的专业盲目扩大招生规模、学生所学的知识与社会实际需求严重脱节的现象。

3.教育全程化与个性化缺少指导性方案

高校应该从学生入学就开始进行全程化的就业指导,从低年级开始一步一步成熟,而不是临近毕业的时候才"仓促上阵,临阵磨枪"。学生基础没打好,无法做好学业规划、就业规划,以及将来的职业规划。目前的就业指导,高校一般采取集中讲授的方式,只关注就业的政策、制度、程序,无法针对个人,没有个性化指导,使得一部分学生实践能力、就业技巧不过关。

第二节 高等教育管理体制改革及经验借鉴

一、日本高等教育体制的现状与改革

(一)日本高等教育体制的现状

步入21世纪后,由于日本高校的扩招导致了入学率的持续上升,社会经济国际化的巨大影响,使日本高等教育改革问题引起更广泛的关注和批判:由于扩招,高校入学门槛降低,生源质量下滑,大学生已不再是社会英才。与此对应,高校及高校工作人员社会价值与社会地位也相应下滑,学生学习积极性不高,教师积极授课的热情骤减,不注重改进教学方式。高校行政机构因扩招所带来的利益而忽视学校内部管理等,这些都导致高校管理制度的放松,使日本高等教育停滞不前。

总的来说,影响日本大学改革的因素主要有以下几个。

第一,入学率的提高以及学生的多样化,导致日本高校学生及教师积极性不高,造成了高等院校的管理效率降低。

第二,为了使学术研究专业化和跨领域化,使学科专业能够适应快速发展的日本经济,日本高等教育面临的挑战更大且更紧迫。

第三,日本生产高附加值产品的中小企业日益占据重要地位,这种中小企业对知识人才不但要求其具备专业知识技能的创新能力,还要具有开拓的精神。

(二)日本高等教育体制的改革

1.建立第三方评价系统,不断促进高校个性化的发展

高校系统外部应该建立第三方评价系统,这种系统独立于高校组织外部,客观地对高校进行评价管理。这种评价组织应该在对大学进行透明度比较高的评价的同时,对评价的有效性进行调查研究,及时向各个大学反馈评价的结果,促进大学教育研究活动的个性化和质量的提高。在这种评价模式下,行政机关可以根据资源情况进行公平效率的分配。

2.建立大学法人制度,保证大学办学自主权的确认

20世纪末,日本临时教育审议会曾先后提出多个报告,再三强调必须在大学自治机构和经营管理上确立自主、自律和公共精神的体制。高校内部的工作安排、人员招聘、课程专业设置、经费投入都由高校内部自主管理,而政府应充分赋予高校这些权力。日本政府制定了《国立大学法人法》,颁布了改革方案,国立大学依据这一法律从原来国家行政组织的序列中独立出来,成为具有独立法人资格的实体,具有自主经营运作的权力。[①]政府对高校下拨的经费,高校有自主使用权,不再接受政府审批。

3.促进大学与社会间的联系

由大学和企业共同成立学科知识专业的研究机构。这些组织机构设立在高校内部,高校与企业签订合同,共同管理,企业和大学研究人员共同开展研究。

[①]姜晓平,藤井穗高.日本国立大学法人化进程研究[J].河海大学学报(哲学社会科学版),2007(01):54-60+92.

为促进大学研究成果专业化和社会化,院校行政组织与政府设立了技术授权组织,这个组织处于大学、企业和专利部门三方之间,具体负责大学研究成果的转化和社会需求的介绍。通过大学和企业的合作,改进成人教育。在《国立大学法人法》中,还明确规定,大学要引进社会专业人士和专家担任董事,参加学校的管理,并参与校长考核委员会,通过新的人事制度改革,强化产学结合,加快研究成果进入社会。这些措施为大学与社会的联系提供了制度保障。

4.倡导高校进行经营管理

20世纪以来,日本政府处于转型时期,政府对高等教育事业的管理手段也进行了重要变革。在经过一系列改革试验的基础上,新通过的法案对一系列问题进行了明确的规定:大学要引进新公共管理方式,建立董事委员会管理制度,改变原有国立大学教职工的国家公务员资格,进行人事管理体制创新,包括实行工薪与能力业绩挂钩、允许教师兼职、赋予校长全面的人事管理权等。

总的来说,日本大学制度改革是以改变长期以来国家严格控制和干预大学自主权为主线的,其实质就是将高校举办权和办学权分离,并同市场发展与社会需求结合,以更好地发挥大学在知识经济时代的作用。

二、美国高等教育制度的现状与特点

(一)美国高等教育制度的现状

美国高等院校的办学体制分为公立与私立两种,联邦政府不设立教育部,不直接管理大学。联邦对教育的职责在于促进教育的发展和普及,并给予一定的拨款。大学内部拥有较大的自主权,学校自主办学,政府不干预,这对于提高办学效率与质量是非常有利的。美国高校的经费来源:公立大学一般靠政府拨款、社会捐助等渠道筹措,社会对学校的捐助主要体现在对学校科研成果转化后的回报。而私立大学则完全自主经营,自负盈亏。美国突出人人享受高等教育的权利,在办学与管理中很大程度上适应学校与社会的需求。学校多层次办学,灵活多样以满足各种形式的学习。学校注重教学手段和方法,积极引导学生社会实践能力。对教师实行聘任制,建立高素质的教师队伍。目前,美国技术与知识进步方面约占生产力提高因素的80%,高于欧洲国家。21世纪以来,美国的科学技术得到最大限度的发展,社会文化高度文明的原因是由于高等教育的科学发展。20世纪末,美国加速高等教育管理体制改革,目的是维持在全球科技与人才在全球的主导地位。

(二)美国高等教育制度的特点

1.具备较为清晰的教育产权

(1)完备的自治权

为了对美国高等教育进行力度较大的改革,美国教育界在制定高等教育发展政策时,将高校自身的发展与市场经济更加密切结合起来。从教育改革的结果看,美国的大学比过去有了更大的办学自主性、更强的适应性和面向世界的开放性。公立高校可以自主分配教育人力资金和物质资金到需要的部门与教育科研工作中,私立大学更加有权自行分配和使用教育经费。

（2）多元办学主体制度

美国对各类机构举办大学没有过多限制，大学审批权在州议会。一般来说，举办者如果能够审核通过都可以建立高校，这种制度使美国大学举办形式多样化。

（3）举办权与办学权相分离的制度

美国高等院校的举办权和办学权是相互分离的。举办者不直接介入大学事务，而是通过中间机构——董事会来承担具体办学任务。公立学校由董事会负责，董事会由州议会任命，与政府没有隶属关系。

2.具有高适应的内部管理制度

（1）董事会制度具有双重作用

美国高等院校的法定代表人是董事会，董事会决策权在高校管理活动中发挥着双重作用。

通过董事会由多方面校外人士组成的特点，使大学与社会有机地联系起来。

作为一个既与政府和社会有联系又相对独立的董事会机构，在大学卷入社会政治浪潮时起到缓冲作用。

（2）强有力的中层管理

所谓中层管理，主要是"系"的管理机构。美国高校中，作为上层决策到基层运作的桥梁，学校内部的学术问题以及管理决策都是通过系传达到基层。中层管理人员是由学校高层行政组织机构直接任命，并向学院负责。

强有力的中层力量，能够将学校行政部门与基层组织联系在一起进行有效沟通与协调，并且能够自觉维护本部门发展利益的需要。这就是美国高等教育事业能够应对科学社会发展需求的原因。

（3）内部管理的民主化

大学设立教授评议会、学术委员会等,学校的种种事务通过不同的委员会进行决策和监督。教师可参与这些委员会,教师通过参加这些委员会的工作,参与对学校的管理。

3.高等教育与社会生产结合

高校的功能一定程度上可概括为:教学、科研与推广创新。美国的高等教育在市场经济的大环境下,经过多年的实践与完善,取得了很大的成功。

美国高等教育与社会办学模式主要有:高校与社会企业合作创建创业园或科技园,成立综合性的大学与企业合作研究中心,高校与企业建立长期的合作伙伴关系等。

另外,许多教授直接与企业签订协议获得科研经费,再利用研究生这个科研生力军的力量,及时地完成研究项目,服务于社会;不少教授还在公司和企业兼任咨询顾问,这些企业和公司的技术主要基于教授们的研究成果,从而把科研与生产有机地结合起来。

三、国外高等教育改革的经验借鉴

(一)赋予高等学校充分自主权

目前,我们的高等教育没有完全摆脱计划经济思想的束缚,没有很好地按照市场经济的规律办事,高等教育领域的多样化、市场化程度远不如经济领域,高校还没有真正的办学自主权。高校作为高等教育市场的主体,应当健全法人制度,享有充分办学自主权。

作为高等教育的主要举办者,政府应以改善高等教育的办学条件,以适应社会发展对高等教育的需求为主,对高校进行宏观管理。特别是对教育资源的提供和支持应进行科学与合理的分配,确保高等教育资源在高校内部得到充分利用,资源配置效率得到优化。

(二)完善高等教育院校组织机构建设

大学的教育研究日趋边缘化、综合化,大学与社会的关系也比以往更为密切,这些变化都促使大学建立一种新的更为开放积极和自主自律的组织管理体制。在这种体制下,无论设立什么样的机构,都要做到责任、权利与利益的统一。

但是,不少高校组织机构设置不科学,主要现象有如下几类。

1.教育成本居高不下

一方面,目前没有形成规模经营,组织结构中科研和学术人员力量薄弱,校、院两级职责不清,办学效益达不到标准要求。另一个方面,在高校内部教研人员和工作人员都有自己的专业领域,行政管理者不可能面面俱到。因此,高校在组织机构建设方面必须削减管理机构与非教学人员。

2.专业人才供不应求与过剩的矛盾

由于高等教育教学机构设置的不科学,导致我国高级专业人才供不应求,但是同时又有一部分专业人才需求相对过剩,这种冲突与矛盾普遍存在且短期内无法消除。所以,政府应根据高校专业与社会需求的实际情况,制定相关政策,帮助高校应对市场挑战,及时灵活调整专业设置,化解突出的矛盾问题。

（三）进行制度创新，建立科学运行机制

高等教育在自主办学的情况下需要进行一系列机制的制度创新，其核心是建立一套高效的自我激励、自我约束的机制。根据 X 效率理论，充分调动高校体制改革，发挥高校内部工作人员及教研人员的工作热情，必须要建立合理的激励机制。激励的形式既包含工资和奖金之类的物质方面，同时也包含精神方面的激励，如表彰以及荣誉等。不同的激励方式对工作人员的工作热情及努力程度的激发有着显著的作用。要实现这种质的转变，不但需要建立一套科学的运行机制，还需要建立一套传统的人事管理系统。传统的人事管理重在事务性管理，没有把大学的人事工作提高到人力资源管理的高度，提高到关系学校兴衰成败的人才战略的高度。

所以，高校应进行制度创新，建立一套对教师的激励机制与约束机制。激励机制可以调动教师的工作积极性，激发教师的创造性。约束机制则使教师遵守契约，不损人利己，不做对学校有害的事情。

第三节　我国高等教育管理体制效率的提升策略

一、提升高等教育管理体制效率的行为解析

（一）高等教育管理体系"制度化"的形成

高校组织各种活动及其运作方式，与外部环境的联系与创立，在一定程度上取决于高校自身良好的内部组织机

构。随着社会进步及学术不断创新,必然要求高校组织结构不断调整,重构高校行政管理组织结构,以适应高等教育多元化的发展步伐。

　　行政管理组织结构的设计要根据学校的战略目标而设计,我国现行的高校行政管理组织机构基本上都是在高度集中的计划体制下逐步形成的,呈现出以行政权力为主、高度集权的特征。这种结构导致我国高校行政管理组织结构效率出现问题:①决策组织和执行组织的一体化;②集权制下高校内部管理机构行政权力泛化;③高校内设机构之间稳定性与灵活性失衡。

　　要想解决这些不足以及重构高等院校内部组织机构,改革方法有以下几种①。

1.将决策机构和执行机构彻底分开

　　我国高校组织结构是决策机构和执行机构合一,必须进行改革。借鉴国外高校,成立董事会,负责学校重大事务的研究、决定。改革现行高校董事会制度,让高校董事会真正成为一个决策机构,负责处理战略性、预算性政策及对学生有重大影响的事务等,校长及其行政系统负责详细执行和实施行政事务。

2.成立高校管理委员会,科学设置副校长岗位职责

　　校务管理委员会是学校的执行机构,管理学校的内部各项事务。校长将学校内部各教学科研等工作分配给副校长管理,并且取消行政管理部门。校长与副校长各司其职,各谋其位,负责各自分工管理的日常事务,并且可以就

---

①崔岐恩,张晓霞,姜朝晖. 解析我国高校去行政化[J]. 教育导刊,2011(02):59-63.

某项工作进行沟通合作。

3.科学设置二级学院,放权于其自行管理

我国高校二级学院的设置基本是按一级学科进行的,对综合类大学的二级学院的设置以专业和学科分类,以加强学校对各二级学院的宏观调控。同时,下放我国高校所有权,将学院规划和预算、考核、学科建设、科研管理等详细执行权力全部下放给二级学院。这种机构设置精简了多余冗杂的机构,提高了工作效率,遇到问题时又可以很快地协调和解决。

(二)高等教育产权制度的明晰

我国高等教育事业的核心价值观是让高校的专业型人才培养能够应对社会需求,能输出更好的科研成果和人才,为社会发展提供方便。而这一核心价值的实现在于高等学校必须成为一个真正意义上的独立办学实体,能够根据自身的规律和特点发展自己。

所以,建立科学高等教育管理体制首要的问题便是按照政校分开的原则,将举办权、管理权与办学权分离开来,使三个方面分别成为相互独立、相互制衡的主体,各自履行自己的职责。

如何有效地实现三种权力的分离?通过建立委托代理制度,实现三种权力的合理合法分离。所谓委托代理,即当事一方将自己的一部分行为以法律契约的形式交由另一方执行,而另一方则按委托方的要求具体执行对方的行为。委托代理制度是一种法律契约制度,分离的双方在法律上享有平等的权利。实现三种权力的分离,有以下几种措施。

1. 通过设立代理机构，实现举办者与管理者的分离

在中央和省级政府组建国立或省立高等学校代理机构，代表国家行使投资人的权力，对相应高校运营状况进行管理和监督。

2. 规范管理者的职能

高校教育部门应对高等教育实施宏观管理，从大体方向上把握与制定高等教育发展战略规划，对高校进行教育监督和评估，提供合理科学的服务产品。

3. 明确高校的法人地位

大学领导班子作为政府委托人，向委托者负责，代表委托者具体管理学校的事务。通过委托代理制度形成的三方关系表现：高等学校按照教育部门决策要求，向委托代理机构负责，开展办学活动；委托代理机构向政府负责，组织和监督高等学校履行应有的行为。

（三）高等教育运行机制的发展

党的十四届三中全会通过的《中共中央关于建立社会主义市场经济若干问题的决定》指出，建立社会主义市场经济体制，就是要在国家的宏观调控下，发挥市场机制对资源配置的基础性作用。这就决定了我国经济体制运行机制的趋向是市场经济，高等教育运行机制必须与此相适应。

1. 政府宏观调控

政府长期以来担负着中国高等教育的两种重要职能，一是高等教育资产的所有者；二是高校运转的管理者。根据这两项职能的定位，首先政府要实现对高等教育资源配置的宏观调控，放权于高校。其次，实现资产与产权关系

的适度剥离,实现政府的社会管理职能与高等教育自我资产管理职能分开,政府与高校各司其职。政府转变职能,是高校资源优化配置的重点。高等教育体制运行的重要因素就是政府的宏观调控行为。政府依靠市场和社会对教育资源进行支持调配,进行物资人力的投入,以及对这些资源进行合理监管。克服市场缺陷的发生,调整社会对教育资源的投入和管理,还应该面对社会以及市场的需要,维护和妥善管理高等教育事业的健康运行。

2. 市场积极引导

市场引导下的高等教育只能是在政府的指导和监督下,对高校提出人才、知识数量和质量的要求,以及向高校提供支持等活动,刺激或抑制高等教育的发展。具体包括:调节人才和劳动力的品种、规格和数量,从而影响各级各类教育的整体规模,促进教育资源合理配置。通过成本核算和评估,促进学校布局和学校规模调整,优化高等教育的资源配置,从而提高教育投资的效益。

3. 高校办学自主权

学校办学自主权主要体现在招生、专业与系科的调整,机构的设置,经费的筹措与使用以及国际交流等方面的自行决定权。扩大高校办学自主权实际上就是在政府与高校之间改直接隶属管理为间接"杠杆管理"。政府不干预学校的内部事务,高校内部的特殊事务由学校自行管理。高校通过自身的科学监管,合理配置教育资源,借鉴国外高等院校体制改革的成功经验,使高校成为独立办学的主体,依法面向社会自主办学。

二、高等教育外部环境"社会化"的建构

社会广泛参与既是现代大学制度的目标,也是促进高校达成这一目标的手段,在整个大学制度中具有重要的意义。自主办学是一个双向互动的过程,社会既是高等教育的消费者,也是高等教育资源的提供者和支持者,离开社会的回应,高校面向社会不可能实现。由于计划体制的影响,当前我国高等教育社会化程度还不高,市场准入的程度较低。结合我国的实际,主要有以下4个方面的制度建设。

(一)多元化办学体制的形成

逐步建立以政府办学为主体,社会各界共同办学的体制,是我国高等教育体制的基本指导思想之一,推进这一进程将大大改变目前我国在高等学校举办体制上过分单一化的局面,向着多元化形式发展。我国除了现有的中央政府与省级政府举办高等教育这两种主要形式外,还应当发展一下其他举办形式:①中心城市式举办形式,即由地市一级甚至条件许可的县级政府举办高等学校,其性质为国家所有。②以民间私人资本为主的民营形式。③公办民助的形式,以国有为主,民间资本加入其中,一般在性质上是一种混合所有制。④民办公助形式,以民间资本为主,公立高校以多种形式参与其中的活动,并占有一定的份额。

(二)多种类型吸收民间资本制度的完善

1.设备用途转移与附加制度

即高校根据学校特点和专业特点,与相关企业或其他社会单位联合,由合作单位提供设备、场所。通过合作单

位在部分时间里改变设备用途等形式,为高校人才培养或科学研究提供实习设备和科研设施。

2. 完善高校收费制度

对接受高等教育的学生进行必要的收费是当今大多数国家普遍实行的一种办法,其功能实际是通过学生,将民间资金集中起来用以发展高等级教育,这也是吸收社会投资的办法。在这一方面,关键是要针对不同类型的学校和专业,制定多层次、弹性化的收费标准,并使之规范化。

(三)社会中介制度的供给

在高等教育领域中,社会中介机构具有桥梁的作用。

1. 沟通能力

政府与高校之间由于信息不对称的存在,往往会出现决策与执行偏差,这个时候,社会中介的介入就显得重要得多。中介专业性较强,沟通能力强,在联络政府与高校沟通问题上有着重要的作用。

2. 协调能力

通过中介组织的努力,使高校与政府以及社会其他利益群体之间的关系保持一定的距离,从而减少直接冲突和矛盾。

3. 服务能力

一方面中介通过有效的组合与转化,将分散的研究成果组合起来应用于实践。另一方面,又将来自社会需要的东西设计成为具有操作性的研究课题,提供给教师研究。

4. 行业自律和监督能力

通过本行业制定的规范和公约,保证社会正常的秩序。这种职能能够降低政府行政部门的监管难度和力度,使高校部门与社会能够更有效地进行自治管理。

三、政府供给行为"适宜化"的制度演进

(一)限定政府的权力

由"全能政府"向"有限政府"转变。由微观、直接管理转变为宏观、间接管理。由高度的中央集权转变为分权和共治。限定政府权力的基本途径:①加强立法,明确政府赋予高等教育的职能与范围并确保其不越位,明确政府的角色定位与管理范围。②简政放权,一方面对于教育行政部门的内设机构及人员要进一步精简,另一方面要理顺政府部门的关系,规范政府部门准入高校的行为。

(二)改革政府的管理方式,建立新的管理运行机制

政府的教育管理职能从微观向宏观领域转变,实行政事分开,意味着政府教育行政部门应主要干预公共性事务,为高校运行创造良好的外部环境,以及保证政府提供教育产品和服务的高效率性。

专业性事务中大部分则由学校自己去处理解决,政府只提供相关的机会、信息与条件,以从根本上改变学校作为政府附属机构的地位。改革政府的管理方式,最主要有六种方式:一是法律方式,二是政策方式,三是经济方式,四是市场方式,五是信息服务的方式,六是监督评价的方式。

(三)建立中央与地方两级管理、以地方为主的管理体制

实行两级管理,有利于管理更加切合地方经济发展的要求,也有利于减小中央政府的管理幅度,提高管理的科

学性。中央和地方的权力分配方式,可以对高校内外部环境形成制约。在下放中央权力的同时,地方政府建立责任清晰的政府财政转移支付制度。制定高等教育区域性生均教育费用、生均公用经费标准以及最低财政拨款标准等。在投入增量上缩小区域内城乡学校之间的教育经费差距,逐步减缓并消除影响高等教育均衡发展的财政因素。制定与实施高等教育师资配置的政策措施,优化高等教育资源优化配置,使高等学校能够可持续的稳定发展。

(四)构建完整的社会化监督系统

在社会经济发展体制中,如果政府退出对学校的直接管理,如果校长负责制度的监督体系失去保障,高等教育系统就会出现失控的危机。因此,政府教育管理职能的转变绝不是简单的放权问题,在改革"行政指令、计划调控、自我封闭、教育与社会分离"的高等教育管理体制的同时,要发挥学生和学生家长、社会民众、社区人员在高校管理中的监督作用,建立起"政府统筹,社会参与,主动服务,教育、社会一体化"的新的监督体制。监督内容包括:高校内部资源配置是否优化和合理,高校组织机构设置是否科学精简,政府干预高校管理行为是否适宜得当等。

四、提升高等教育管理体制效率的对策

(一)构建服务型的管理体制

1.转变政府管理职能

在提升我国高等教育管理体制效率的过程中,首先要注重从我国的国情出发,从目前的高等教育现状出发。为了适应当前经济社会发展的需要,政府和学校权力的划分

要明确,要将权力型政府转变为服务型政府;要将中央的权力下放到地方中,尤其是要扩大发展高等教育事业的责任,让地方管理本地区的高等院校,提高地方政府的积极性。

政府管理职能的转变直接影响其对高校的管理效果,也影响高校内部管理体制的改革,应该将传统的微观管理调整为宏观调控,由原来的直接干涉转变为间接管理,使高等教育管理体制不再一味听从政府,能够根据自身情况灵活运用管理模式。

2.坚持走群众路线

在高等教育管理体制改革的过程中,群众才是提升效率的主体,尤其是在高等教育体制管理阶段,只有走群众路线才能激发无穷的潜力,才能不断地创新机制,才能满足人们日益增长的物质文化需求,满足人们对不同层次、不同种类高等教育的需求。有了明确的目标,才能在管理体制改革中想人民所想,为人民办事。

(二)提升地方政府的统筹能力

经过简政放权后,地方政府对高等教育管理体制效率的提升负有更多的责任。地方政府有了统筹管理权之后,就应该从多方面入手对高校的各项资源进行规划和配置。

1.进行科学的规划

要想提升体制效率,地方政府要与社会机构、高校共同合作,研究具体可行的教育计划。科学的规划应从当前的社会经济环境、当地的发展状况、高校内部管理结构的设置、人员任免等出发进行规划,根据改革发展目标统筹安排,科学部署,保证高校管理教育资源的合理配置,提升管理体制效率和高校的竞争力。

2.建立有效的拨款机制

拨款权是政府运用统筹权的关键,充足的资金是高校教育提升管理体制效率的基础,地方政府的拨款权具有灵活性。

目前的拨款机制较为封闭和固化,地方政府应对高校进行综合考评,采取公开透明的方式,将高校的管理能力、教学能力、科研能力以及贡献程度作为考核的具体内容,对有突出贡献的项目进行奖励性拨款,对其他一些基础设施领域进行选择性拨款,这样就能实现专款专用,避免资金的浪费和资源的不合理配置。

3.提升高校管理的市场竞争力

竞争能够促进高等教育体制效率的不断提升,是源源不断的内在动力。在市场化发展的今天,高校的发展离不开市场环境的影响。由于在发展过程中,各高校的发展水平参差不齐,所以地方政府有必要为地区内的高校创造一个良好、公平的竞争环境,通过透明公正的竞争,让高校不断提升自身的管理能力。由于我国与世界其他国家的不断交流,国外的高校或者学生也有一些在地方发展。

因此,政府也要对他们采取公平的政策。这样不仅可以促进国内外高校之间的学术、科研交流,借鉴彼此的管理经验,而且有利于将我国的传统文化有效地进行对外宣传。

(三)构建社会参与管理新体系

检验高等教育管理体制好坏的最终对象是社会大众,群众的满意度远远高于实际所取得的收益和效率。在简政放权的过程中,上级政府的权力下放,在地方政府中,权力也并不是归属于某一个固定的人或部门,而是要实现权力的最广泛化,让更多的人参与到决策中,尤其是要让普通民众有决策的权力。

例如,企业与学校的合作,企业的代表可以参与到学校的决策中。企业与学校的合作管理能够让学校所设专业更好地适应社会发展的需要,对高校管理体制效率的提升起到很好的促进作用。因此,在目前的高等教育管理体制改革现状下,社会力量是推动改革、提升效率的有效力量,地方政府和高校有必要将一定的参与权、决策权交给社会,通过广泛的参与促进管理体制的发展和完善。

第五章 高等教育管理创新理念

自20世纪90年代,我国高等教育建设和发展出现了"井喷"现象,高校办学规模和在校人数逐年增加,在"建设世界一流大学"的目标号召下,我国高等教育的基础设施建设和学科建设步伐大大加快。其中双一流大学作为我国高等教育发展的先行军,为我国高等教育吹响了前进的号角。我国高等教育追寻的"世界一流大学"的精神内涵是"普遍、整体、世界",大学精神气质的这种普遍主义精神主要表现:首先,大学知识传播者应该包罗万象,全面而又专研;其次,大学知识获得者也应遍布全球各地,尊重接受学生个性;最后,大学的内部管理和科研教学必须能够与时俱进。

但在我国这样一个拥有几千所大学的国家,谋求国际高水平大学的理想需要的不仅仅是政策性支持、教育资源投入和就业环境改善等外在条件,更重要的是我国高等教育进一步发展改革所选择的管理体制如何更好地适应新时代和新环境的需要。正如现任中国香港科大校长朱经武讲的:"一流的大学源于一流的老师教出一流的学生,一流的学生造福回馈一流的社会。"

目前我国大学里,教师队伍的素质、研究水平、研究成果,决定了大学的高度与地位。如何在改革环境中梳理出政府与高校、社会与高校以及高校内部的种种关系,成为我国高等教育管理改革的出发点和立足点。因此当代我国高校的发展需要对师资管理制度、科研管理制度、后勤社会化管理制度、教务管理制度等高校管理体制进行创新,迫切需要理顺大学与政府、政治与行政和学术、学生与教授以及就业与毕业等多重关系。可见我国高等教育管理体制改革是我国政治体制改革的延续,只有建设和完善我国高等教育管理体制的一系列改革,我国高等教育才能在公正、民主、自由、法治的前提下获得健康持续发展的动力。

第一节　坚持创新理念

创新是指改变旧制度、旧事物,对旧的生产关系、上层建筑做出局部或者根本性的调整变动①。所以创新就是改进不好的,改正错误的、不合理的,最终达到创新的目的。创新需要清晰的价值和目标,即明确创新理念,它关系到创新的出发点和前进方向。高等教育教学是对高等教育的认知、使命、作用等基本问题的认识和看法,是高等教育管理实践的总结和概括,具体包括管理理念、学习理念、教育教学、办学理念等方面。

一、统筹理念

在我国,任何发展都离不开一个因素,即"党政关系"。

①吴建南.改革创新:进一步全面深化改革的方法论[J].探索与争鸣,2018(09):39-41.

邓小平对这点也早有明确认识:"创新的内容,首先要党政分开,解决党如何善于领导的问题。这是关键,要放在第一位。"①我国高等教育作为公共物品和服务的一部分,其物质载体是大学,大学的根本属性是我国事业单位,这种公益属性不会发生改变,党委领导下的校长负责制作为我国大学的领导制度,是一种"党政结合"的领导方式。党委领导作为大学政治权力的集中体现,具有全局性特征,党委在大学内部治理过程中的意见综合和宏观决策作用不可或缺。

统筹作为一个由数学衍生出的系统科学概念,主要强调的是针对一个事物发展或行为执行过程中涵盖的规划、引导、服务和扶持的完整的过程体系。政府统筹就是站在事物全局的角度统筹思考,洞察事物。不顾此失彼,不因小失大,兼顾和协调全局各方面利益,使整体协调,布局合理,利益得当,人文和谐,思想协同,工作得力。那么政府对高等教育的统筹也就可以围绕这一概念展开,即政府统筹规划、统筹引导、统筹服务和统筹扶持。

统筹规划方面:对高等教育发展的速度、规模、质量、结构进行宏观管理,促进管、办、评分离,形成政事分开、权责明确、统筹协调、规范有序的管理体制。对学校布局、学科专业设置、学位授予点和继续教育发展规划:统筹研究生教育、本科教育、高等职业教育和高等继续教育:构建层次分明、类型多样、特色鲜明、充满活力的高等教育体系。

统筹引导方面:建立高校学科分类建设体系,实行学术发展分类管理;创新高校人才培养模式,提高高校人才

①邓小平. 把教育工作认真抓起来[J]. 新湘评论,2021(11):56-57.

培养质量和深度;加大对高校学术的监督和审查;统筹推进各级各类高等教育协调发展;统筹高等教育城乡、不同区域间教育协调发展;统筹编制符合要求和国情的高等教育办学资质、教师引进、招生质量等多项标准。

统筹服务方面:深化高等教育综合创新,推动教育事业科学发展,必须以"三个满意"为出发点和落脚点,在关心国家命运、服务国家战略上有所作为,让党和国家满意;在勇担社会责任、满足社会对创新高等教育不断提高的要求上有所进步,让广大人民群众满意;在坚持以人为本、实现好维护好发展好学校广大师生员工根本利益上有所建树,让广大师生员工满意;引进国际创新教育资源,提高中外合作办学水平。

统筹扶持方面:落实扩大高等教育办学自主权,完善我国特色现代大学制度,完善高等教育惩治和预防腐败体系;统筹健全以政府财政支持为主、社会捐助资助教育经费、有限度自主探索高等教育市场化稳定增长的机制;建立地方政府所属高校的教育职责评价制度;探索建立政府督导高校机构职责运转的机制。

二、参与理念

我国高等教育从中华人民共和国成立初期的"精英"教育走向"大众"教育,是随着我国政治、经济、文化和社会环境变化不断适应的发展历程,是我国政治体制创新不断深入的体现,是社会主义市场经济创新深入人心的要求,是社会开放文明的自我需求,是我国文化传承自我提升的动力源泉。

社会参与高等教育管理创新的必要性主要有以下几

方面:首先,从高校的系统性和开放性来看,高等教育作为一个系统要生存和发展,不可能封闭自我。高校需要汲取自身生存发展所需要的物质资源、人力资源和财务资源,无法忽视与社会普遍联系的客观事实。高校应立足于扩大高校的开放性,融入我国国情的现实社会中,建立社会参与高校管理的机制。其次,经济和社会生活方式的重大变革使得高等教育的大众化普及程度在不断加大,继续教育、职业教育等终身学习教育制度的不断深入人心,极大地刺激了社会参与高等教育的意识。再次,激烈的市场竞争环境下,对人才的需求和竞争成为市场生存的不二法则。市场竞争主体,例如企业已经以极大的热情加强与高校的合作,参与到高校教育的具体实践中,寻求满足自身需要的合格人才。最后,高校自主化办学带来的就业压力和经费支出以及后勤社会化等创新也需要得到社会的支持和帮助。总之,高校接纳来自社会各方面参与自身管理是必要的且可行的。

社会参与高校管理的内容主要包括:一是社会参与高校决策,高校管理创新需要吸纳更多智慧和力量,确保高校的决策体制、运行方式、机构设置等内部事宜得到民主、科学的监督、反馈和建议,社会参与的重要性不言而喻。二是市场权力对高校权力的影响和制约使得社会参与高校管理的具体事务越来越深入。高校的专业、课程设置开始重视市场需求,高校毕业生就业市场要求高校教育管理贴近社会现实,高校内部事务信息公开,等等。三是高校的社会服务功能使得社会参与到高校教学科研等高端领域。高校与企业的合作正是社会参与的表现。我国高等教育创新是系统工程,能否在市场经济大潮中接受社会检验是创新成败的关键。我国高校要认清现实发展要求,提高社会服务功能,树立社会服务意识,把社会参与作为自身管理创新的重要内容,实现科技成果转化,提高社会知名度和权威性,满足社会需要的创新目标。高等教育的需求多样性、高等教育走向社会以及高等教育经费来源的渠道多元化要求社会参与,这不仅是高等教育发展的共同趋势,还是实现高等教育内部管理善治的重要保证。

三、公共利益理念

公共利益是指公众的、与公众有关的或为公众的、公用的需要的利益。根据《公共政策词典》的界定,公共利益是指国家和社会占绝对地位的集体利益而不是某个狭隘或专门行业的利益。《中华人民共和国教育法》第八条规定"教育活动必须符合国家和社会公共利益"。公共利益产生于人与人之间的社会联系,是公民个人利益最终的价值取向,代表着长远的、共同的、整体的个人利益。高等教育的利益主体可以分为国家利益、团体利益和个人利益。国家利益是指国家从高等教育的发展中获得的人才培养、科技技能输出的政治利益。团体利益是指高等教育的大学的各种权力主体在博弈过程中获得的权力利益。个人利益是指参与高等教育过程和活动中的个体获得的参与权、保障权和结果权的权利利益。这三种利益主体只是基本利益和直接利益,如何协调利益冲突和分歧,寻求整体利益最大化,这就是公共利益取向的理念所在。

公共利益正当性的基础是以一定社会群体存在和发展为前提,公民的受教育权是公民权利的基本权利之一。

因此,保障公民的受教育权利成为公共利益取向的共性特征。高等教育的社会服务职能是公共利益至上理念的具体体现,这需要由国家法律作为保障,例如《中华人民共和国宪法》《我国教育创新和发展纲要》《高等教育法》等。高等教育作为公众受教育权利的组成部分,已经从"精英"教育转变为"大众"教育,受教育群体的数量、受教育群体的文化程度已经具有社会普及性和公民自主性走向。因此,高等教育创新的公共利益取向能够满足国家利益和个人利益的诉求。高等教育的受教群体不因年龄、性别、民族、肤色、国籍、经济状况、家庭出身等因素而影响到高等教育知识的获取和传播,享受机会均等无差异。高等教育需要在生产知识、科技和人力资本过程中增效,实现教育产业化,进一步改善教学环境,增加教育奖学金的投入和贫困生补贴力度,促进高等教育事业的公平和正义。

高等教育管理创新涉及社会公共资源和经费的使用和调配,影响到社会成员的共同利益,创新的成果需要全社会共享。高等教育创新的公益性具有公共性、社会性和整体性,包含国家层面的经济利益、政治利益、文化利益、文明利益,也包括社会层面的经济利益、文化利益、政治利益,还包括个人层面的物质利益和精神利益。追求公共利益是高等教育管理创新的核心价值理念,是我国特色社会主义高校创新的前提和出发点,是调和权力主体追求共同目标的指导原则。

四、质量至上理念

高等教育创新理念是与时俱进的时代产物,其中质量至上的学习理念是源于首次世界高等教育大会的两份重要文件,作为其中的核心理念,联合国教科文组织认为高等教育质量是多层面的概念。概念涵盖了两方面内容:一方面是"层次"的问题,指的是高等教育质量是多层次的质量的统一体;另一方面是"方面"的问题,指的是高等教育质量是多方面的质量的综合体。

高等教育的系统类型通常被划分为研究型高校、教学研究型高校、教学型高校和高职高专高校。每个层次的高校所追求的质量标准和人才培养方式以及学习理念都是有差别的,这种差别是基于学科、专业、学术自身特点而形成的不同的质量要求。随着高校社会资源的有限性分配和政府资源集中性支配的模式演变,我国高校分门别类的层次出现了雷同化和趋同化特征,高校教育质量的层次差异化被高校自身建设发展所消弭。但社会发展过程中的社会分工和资源专属性越来越明显,对高校教育质量层次的需求面被极大地拓宽,高校教育质量层次化不明朗造成了高校就业环境恶化。解决高等教育质量层次化发展的途径除了政府统筹外,最重要的是高校自身定位。高校历史积淀文化内涵,文化内涵塑造高校人文,高校人文成就高校精神即校训。高等教育创新中的按教育规律办学就是对高校文化传承和高校人文环境自主办学的认可。高等教育多方面质量不仅包括学生的质量、师资水平,还包括图书馆的利用率、学术讲座的质量水平、学校后勤质量服务状况以及学术环境的自由民主氛围,等等。

这就需要高校树立质量至上的学习理念,从教学目的、师生角色、教学内容、教学模式、教学方法、考试方法、教学观等多方面进行改进。例如提升学生的社会责任层次,注重决策观念和技能培养;以学生为本,重视知识的接受和应用及主观能动性发挥;发挥学生主体学习地位,主动探索学习兴趣和努力方向;加强教学内容的基础性,提高教学内容的深度和广度;发展学生个性,激发学生的发散性思维和创造性思维;激励合理竞争,活化教学方法,注重社会实践;拓宽学科的社会研究对象,关注科学前沿知识,拓展学生眼界,提高学生驾驭知识能力,用知识质的提高应对量的增加。

第二节 把握职能定位

高校是实施高等教育的社会组织,主要功能是做学问、传授知识和服务社会。高校内部学科和学术活动具有相对独立、相对自由和松散的本质特点决定了高校本质上是一个相对独立、松散的联合体。结合我国悠久历史文化传统的特殊需要,我国大学可以归纳为"人才培养、科学研究、社会服务、文化传承创新"四项基本职能。从四项基本职能中可以归纳为教书育人是目的,科研输出是手段,个性发展是理念,服务行政是模式。

一、突出育人

高等教育承担着人才培养、科学研究、服务社会、文化传承创新四大职能任务。推动高等教育内涵式发展首先需要处理好人才培养与科学研究的关系①。人才培养是高等教育的根本使命,在四大职能中居核心地位,包括科学研究在内的高校一切工作都要服从和服务于学生的成长成才。人才培养的是人才素质,包括人格、知识、能力和体质,即"德智体美"。大学的核心功能是培养全面而自由发展的人才,塑造符合我国发展的合格社会主义建设人才,这是我国高校现代化建设的社会使命和至上原则。实现核心功能的途径便是知识传授,因此二者归纳为教书育人。"大学之道,在明明德,在亲民,在止于至善。"培养专门人才是高等教育的本质特征,突出创新能力培养,进行科学素养和人文素养的融合,造就全面发展的人才。

　　首先,建立以学生为服务之本的高等教育质量评价体系,把高等教育的传授重心放在学生身上,从关注学生成长和体验出发,培养学生具有开拓精神、竞争能力,具备复合型知识,满足市场经济发展需要。其次,高校教师有必要参与社会实践,加深自身与社会需要的亲身体验,打破高校教育内部自我封闭的认识局限。高校教师学者的社会需求体验和实践一方面可以提高学者解决实际问题的能力,丰富教学素材,将社会急需技能传授给学生;另一方面可以使学者和学生对社会需求的认知更为切合实际,注重树立学生创新能力观念培养、终身教育观念培养、基本学习能力观念培养,以学生为本进行教学创新。再次,高校必须研究社会需要的各级各类各层次人才的素质结构和能力需要,为人才的社会输出提供品德培养、技能服务、

①苏丽锋,张倩倩. 新发展格局下的高等教育改革探析[J]. 开放学习研究,2021,26(06):1-7.

智力保障、素质完善,以实现知识价值的社会转化效能,实现科学技术是第一生产力的理论与实践的无缝对接。

二、注重科研

高等教育的职能是在社会发展需要的基础上形成的,是社会赋予高等教育的任务和职责,是高等教育与社会之间关系的集中体现。高等教育的科技发展和科技输出职能定位是以1862年美国威斯康星大学的办学思想为标志,使高等教育的知识向社会输出转变。《国家长期科学和技术发展规划纲要》(2006—2020年)明确了科研工作指导方针:自主创新,重点跨越,支撑发展,引领未来。高校作为我国科技创新的生力军,是科研竞争的前沿阵地和国家综合实力展示的重要内容,高校科研输出是确保高校人才培养、社会服务和文化传承职能的重要保证。

高校科研输出的最大化取决于高校科研管理人员的自身素质建设,涵盖知识素质、管理素质、伦理素质和服务素质等,这都需要以高校完善的科研培养培训机制为保障,赋予科研管理成果转化享有权,激励科研输出的主动性。科研管理职能在通过社会输出实现科技转化的过程中需要努力实现四个能动即能动策划、能动组织、能动跟踪和能动管理。高校需要牢固树立人才培养必须以高水平科学研究为支撑的观念,鼓励教师重点开展有利于提高教学质量、推动理论创新、服务经济社会发展的科学研究,并将研究成果及时转化为教学内容。还要正确处理好科研与教学的关系,树立科研为教学服务,科研和教学为社会服务的意识,提高高校的科研实力,提升学校的知名度和学术的名誉度。

三、坚持个性发展

从本质上讲,大学管理是知识和科技的创造性组织,尤其是在我国高等教育管理创新的社会环境形势下,大学管理需要开辟进取的创新精神。只有创新精神才能塑造和铸就具有内涵式发展的高校,从而培育出个性发展的个体和团体。

从个体层面来讲,学生乃至学者,需要保持个人的思想独立、学术自由、民主平等。个性既是个体的整体精神面貌还是个体独有的心理特征,个性发展是个体独特性、创新性和主体性的实现过程。首先,高校个体培养理想、健全人格。在个体的短期目标、中长期目标和远大理想树立和实现过程中,将个人价值、社会价值融于一体,通过高校文化载体和高校学术载体输入和输出,经过高校个体的努力奋斗和高校平台的支撑,致力于服务国家和社会。培养集体荣誉感、团结合作精神、努力拼搏意识、热爱生活态度、严谨求知志向、无畏探索倾向、全面发展思路等个性心理特征,培养人文素养、社会责任、道德良知、兴趣爱好、体育活动等社会人格要素。其次,高校个体培养创新意识和创新能力。个性发展是创新精神的基础,创新精神的目的是以人为本,以人为本的核心是个性发展。经过对高等教育知识接触、传授、探索和考究,高校个体结合个体兴趣和喜好,通过对知识真理的探求,势必带来创新活力和创新意识及能力的注入,高校个体的事业心、责任感和使命感便在个性的培养过程中自然而然形成。再次,高校个体拓宽眼界、开阔思域。高校个体借助高校知识平台和高等教育交流计划,能够把握世界最先进知识的前沿,了解人类发展困境中的障碍,接受国内外先进思想知识的洗礼,总结归纳个体立志追求的方向,树立个体人生崇高理想的目标。最后,高校个体活力四射、自我约束。高校个体在身心健康发展的同时,抵御社会思潮的诱惑,完善自我约束,注入时间和精力,运用年轻活力和创新精神,争取个人价值的实现和社会价值的体现。

从学校层面来讲,高校需要树立自身的教育特色和人文底蕴。一是丰富高校自我精神。挖掘高校的历史文化传统,吸收现代大学的办学理念和思想精华,传承高校精神,明晰高校使命。二是树立高校独特观念。秉承高校校训,加强对每届师生进行校史教育,学习高校学术大师、学术大家的人格魅力和开创精神,尊重师德,传承高校先辈的奉献精神和学术追求,强化本校的责任感、荣誉感。三是健全高校文化制度。完善高校大学章程,推行制度创新,将高校精神和高校行为文化融入制度设计中,体现到师生行文中,用制度督导高校文化的自我渗透。四是完善高校标识建设。充分利用高校的校旗、校歌、校徽等文化符号的视觉效果,制定高校标识使用规范,开发设计高校独特的文化产品。例如高校信笺、邮票、台历、纪念品、纪念册、公文样本模板、校务公示样板、高校录取通知书、成绩单和奖励证书等。五是创新高校文化载体。运用高校如校庆、运动会、毕业典礼、新生入学等仪式,弘扬和传播高校独特文化内容。创建高校品牌的学术讲座和高校名家论坛,丰富高校文化内涵建设,通过高校文化载体如BBS、图书馆、教学楼、校舍、校内微信、学生社团等营造高校全面丰富而又个性鲜明的文化氛围。

四、着眼服务行政

"服务行政"一词源于德国行政法学家厄斯特。服务行政是由原来的计划经济向市场经济转变过程中关于行政法的定位和作用的指导理念。学者张成福认为我国行政现代化的目标取向在于建立市场或亲市场的政府行政，使公共行政国家权力的载体过渡为公众提供服务的实体。高校"服务行政"是指高校行政权力以高校全体师生员工等高校利益相关者的真实需求为服务风向标，以为其提供创新满意服务为首要职能，不断完善服务保障制度和服务体系的管理模式。

高校服务行政必须从"以权力和政治为中心"转变为"以大学章程为中心"，从"管制行政"转变为"服务行政"。遵循有限性、法治性、民主性和有效性原则，树立以人为本的理念，重视高校学术权力的诉求，增强服务意识；通过沟通与协调的民主平等对话机制，致力于高校教育质量发展，推动高校学生的全面发展，紧密联系高校与其他社会组织的交流与合作；设计符合现实需要的行政服务管理制度，将高校自由发展权力归还于高校权力各主体，最终实现行政权力与学术权力关系的有效融合、行政权力与学术权力的相互信任、行政权力与市场权力走向良性互动。

高校服务行政必须协调学术权力与行政权力的相互关系。首先，二者的合理性需要兼顾。学术权力的独立行使是高校学术自由、民主管理、公平公正的建校根基；行政权力的管理履行是高校管理效率和运行秩序的基本保障。二者只有实现动态平衡和互助共享才能实现我国高校自主发展的目的。其次，二者权力边界需要明确。根据大学章程,建立相互分工、互相合作、相互制约的关系。再次,二者作为高校权力系统的内部构成要件,学术权力是高校权力的基础,行政权力必须为学术权力服务。最后,高校的政治权力创造组织体制保障和构架,行政权力是"制度性权力",学术权力是"权威性权力",行政权力需要通过制度设计确保学术权力应有的地位和权威,实现政治权力的问责协调定位,发挥高等教育内部权力运转的畅通与高效。

第三节 构建权力结构

我国高校拥有的权力主要归纳为以党委书记为首的校政党组织掌握的政治权力,以校长为首的行政组织掌握的行政权力,以高校学术委员会掌握的学术权力,以社会需求为代表的市场权力。高等教育管理创新作为一个系统工程,相互制衡的权力结构的构建是该工程不可或缺的子系统之一。对于整个高等教育管理的大系统来讲,内部与外部两个环境相互作用。外部环境包含诸多因素,比如国家和政府调控、人民和社会需求,等等,但在这诸多因素之中,市场是核心和关键。经济体制创新是全面深化创新的重点,核心问题是处理好政府和市场的关系,使市场在资源配置中起决定性作用和更好发挥政府作用。让市场行使参与权是抓住外部环境中市场的关键,是发挥市场在高等教育资源配置中起决定性作用的重要举措。

一、参与权

从历史发展过程来看,市场权力在我国高校发展过程中处于遮蔽状态,主要通过学生报考志愿、报考专业、大学生就业等途径展示市场权力对高校发展的影响力,相对乏力。从历史发展趋势来看,市场权力在我国高校管理创新过程中发挥越来越大的软实力,持续走强。创新开放以后,市场就开始逐步渗透到我国高校发展中,经过三十多年的发展壮大,市场力量已经明显显现。比如,逐渐形成了以公办高校为主、社会各界广泛参与、公办学校和民办学校共同发展的中国高校办学体制,实行市场机制的学费制度、就业环境和人才竞争——我国高校的专业、课程设置开始重视市场需求,公办高校与私立高校的竞争也风生水起。市场经济发展大潮中的经济意识、主权观念、竞争意识、自由精神、宽容态度、平等观念和共赢博弈正在我国高校不断上演。市场权力的构成主体是宽泛且多元的,是我国高校自我体系外的多因素综合体全方位展示,有国家需要、社会需求、市场刺激,也有国际化和全球化过程中的不断要求。市场权力的参与权主要通过以下三方面行使。

首先,市场权力要求高校教育服务质量贴近现实需求。我国高校毕业生数量在不断增加,近两年增速略有下降,但总量也创历年新高,毕业生就业压力大已成为不争的事实。学生就业情况严峻,高校的教育质量需要更加适应市场的需求和变化,重视学生参与市场经济活动的能力和条件,摒弃盲目以我为主的办学理念和不求思进的教育观念,需要发挥政治权力在我国高校发展中的调控权。

其次,市场权力要求打破创新高等教育服务。随着我国经济发展的不断进步和我国居民家庭支付能力的不断提高,高等教育资源作为最有潜力和最有回报的市场,对外交流的范围和深度正在不断增大。根据教育部发布的数据显示,我国高等教育资源的人才流失情况正在不断加剧,而我国高等教育创新服务主要还是被双一流大学所垄断。如何破除教育资源的垄断,实现全社会高等教育资源的广泛交流,提高我国高等教育的世界影响力显得非常重要,这就需要发挥学术权力在我国高校发展中的专业权。

最后,市场权力要求大学信息透明公开。信息公开是把知情权、参与权和监督权结合在一起。伴随着我国政治体制创新的步伐,更充分的信息不仅服务于保护消费者,而且也可以提高生产者的效益。产品的质量信息可以激励生产者投资于质量改进,进而更好地在市场上进行竞争。近年来陆续有单位或团体发布我国大学排行榜,这种全面丰富的"消费者导向"排行信息公布,需要我国高校的学校声誉、学生保持率、学术研究成果、专业排名等多维度和多指标的权重展示,这些事关高校教育质量信息的大量公开需要我国高校行政权力发挥管理权和政治权力发挥调控作用。

二、问责权

高等教育所倡导的机会公平和社会公正既符合当代社会的发展趋势也体现了高校所具有的政治性特点。我国高校构建合理制衡的权力结构,不是简单地剔除国家和政府对高校的控制权,而是为了以党委为代表的政治权力能够找寻适合自身的权力领地,正确发挥高校"举办者"

作用①。

首先,明确党对高校的领导地位。高校的政治权力是国家权力在高校中的具体展示,决定着高校发展的基本性质,决定着高校人才的培养目标以及高校人才培养标准等重大课题。政治权力是我国特色社会主义高校的本质要求。《中华人民共和国高等教育法》明确规定:"国家举办的高等教育实行我国共产党高等教育基层委员会领导下的校长负责制。"党委领导下的校长负责制是我国高校的管理特色,确保培养合格的社会主义事业人才,更好贯彻党的教育方针,这也是明确规定的高校内部管理体制。其次,确保高校相对独立的办学自主权。高校政治权力实际是政府权力在高校的延伸和扩展,改变全能政府的管理理念和态势,向服务型和有限型职能转变,赋予高校办学自主权,坚守政治权力应尽的权利和义务不越界。最后,创新高校政治权力观念。在公共管理理念盛行的当下,我国高校的政治权力主体——校党委也应顺应时代要求,转变传统理念为宏观调控理念。校党委将不再以"统治者"的身份来治理高校,而是合作者的身份。由事无巨细的微观管理演变为关注所有权力和权力主体的利益,鼓励教师、管理者、行政人员、学生、学生家长、社会用人单位、校友等人士参与高校治理,建立广泛吸纳各方利益的代表参与治理机构,使这些利益相关者平等参与高校治理。

政治权力作为高校行政权力、学术权力和市场权力的体制保障,可以探索西方国家的高校决策联席委员会模式

---

①乐传永,李梦真. 近20年我国高校继续教育治理研究的热点与发展[J]. 现代远程教育研究,2019(02):67-75.

来调控高校行政权力运行和保障学术权力自由,通过市场权力的检验和反馈,创造符合时代要求和国家发展所需要的特色高校。

三、管理权

行政权力是确保高校运行效率和运行秩序的必要机制。高校行政权力管理权划定是为行政权力在高校运行过程中设置合理的权力边界,即通过以校长为首的行政管理人员的管理工作,提高学校履行职责的效率。高校的行政权力以校长为代表,主要体现在行政组织协调工作上,其管理目的、管理运行方式及管理结果反馈都要求校长为代表的行政权力具有高校大局观,保证整个高校的运行有序,正确发挥高校"办学者"作用。高校行政权具有一元性特征,一所大学只能有一个行政权力系统,权力的运行是自上而下逐级实施,最后实现行政权力的目标。高校办学规模的不断扩大和内部管理的日益复杂都对给行政权力的发挥带来了挑战。

高校的行政权力致力于实现人才培养、科技进步、社会服务、文化传承创新四大职能,可以通过两个方面来实现。一方面,代表国家和政府管理学校,发挥管理者职能,主要通过科研、教学来实现合格人才培育、人才智力发挥、研究型与实践型科技成果孵化等社会价值实现过程输出;另一方面履行高校内部自我管理的掌控者形象,主要通过协调组织机构运行、完善自我管理模式、提高高校内部资源配置、构建高校特色文化底蕴等自我价值实现过程流转。上述行政权力管理职责活动原则必须以高校政治权力为依托,以学术权力为基础,以市场权力为标杆,实现高校的内涵式发展。高校行政权力履行要摒除高校行政化中不利因素,坚守高校管理章程所限定的管理权限,强化高校行政权力的服务意识,创造高校学术权力充分发挥的制度环境和人文环境,实现高校与政府、社会、市场的和谐共处。

四、专业权

学术权力是大学精神的体现,是大学内在逻辑的客观要求,是大学本质特征的外化,也是建立现代大学制度的核心。学术权力是以高校学术委员会为代表,参与主体是高校教师,主要依靠学者自身的权威,采用自上而下的运行方式是高校权力的基础。学术权力意味着决定招生、考试、毕业和科研等方面拥有不可动摇的地位,就是让最有资格学习的人进入高校,了解他们是否掌握了知识,是否应该获得学位,是否有资格服务社会。行使专业权至少包括高校的课程设置、教学自主权、教育评价权和文凭认定权,这就需要高校成立学术委员会、学位评定委员会和教学工作委员会等高校内部团体组织来实现学术权力的独立行使。

学术委员会:由科技处和研究生部负责人以及各学院和重点实验室具有正高级专业技术职称的代表组成,承担学术决策作用,包括学术水平评价、科研项目申报、科研项目评审、学术道德评审、学术规范教育、学术诚信教育、学术不端行为审查等职责。

学位评定委员会:以学科分布为主,由科技处和研究生部负责人、分委会主席及具有正高级专业技术职务的代表组成,承担学科学位评定作用,包括审议学位点申报、学位授予、学位撤销、指导教师审查等职责。

教学工作委员会：审议学校教学工作规划和重大教学创新方案，指导全校教学工作，审议学校专业建设、课程规划、教材编订、实验室及实践教学基地建设；审议教学奖项评审，推荐各类奖学金；审议学校教学管理规章制度；审议学校教育教学研究及项目课题申报；开展教学调研等职责。

学术权力肩负高校生态系统中的特定组织使命，力求实现教学自由、学习自由、研究自由，与行政权力一并主导高校内部事务的决策，尤其对行政权力干扰学术自由权的行为活动必须坚守持之以恒的学术理性和自由平等的学术资格，重视学术权力的基础建设和学术人才的自我权益保护。

第四节　健全机构设置

高校作为一个组织存在，组织架构和制度安排必不可少。我国高校创新基于创新理念和职能定位以及对权力结构制衡的思量，在科学合理决策体制下，需要实施合理的机构设置满足创新的需要。正确的创新理念要求机构设置多元化和民主化；精准的职能定位要求机构设置简约化和扁平化；建立科学合理的横向组织机构，制衡的权力结构要求机构设置制度化、规范化和程序化；科学的决策体制要求机构设置开放化和时代化。我国高校的机构设置主要包含决策治理机构、行政执行机构、学术自治机构和监督反馈机构四大类。分别是高校政治权力、行政权力、学术权力和市场权力职能行使的载体,是权力运行有效的制度安排,是高校创新理念的现实选择和职能定位的理性判断[①]。

一、决策机构

由于我国高校的政治权力与行政权力被统一为行政权力,政治权和行政权的权力制衡使得决策机构和行政机构必须相互独立。实际上,我国公办高校目前还没有成立专门的决策机构,即大学决策联席委员会。大学决策联席委员会包括:高校党委、教育机构代表、教师代表、学生代表、校友代表和社会知名人士代表等。大学决策联席委员会的组成首先是高校内外构成主体和外部联系紧密者,决策联席委员会的成立和职能行使是依据大学章程的具体规定,其常设机构是高校党委办公室,下设三个处,共青团、国有资产处和组织处。大学决策联席委员会不介入高校具体管理过程,根据大学章程对行政权力的越界行使阻止和学术权力的违章问责以及二者权力冲突的调和。大学决策联席委员会融合了行政权力、学术权力、市场权力和政治权力的代表,进行高校内部自我控制与管理、自我决策、自我审视自身发展过程中的问题和重大事项。大学决策联席委员会的召开程序和成员构成及决策制定和实施均由高校章程规定,是高校总体决策和方向性、政治性的决策机构。

---

① 王伟宜,董照星. 我国大学学部制构建现状与未来走向[J]. 绍兴文理学院学报(教育版),2020,40(02):2-8+137.

二、行政机构

高校的行政执行发起人是校长。校长办公会包括校长、行政各处处长，主要针对高校内部事务进行行政执行，召开的频率更高，参与执行的人数更多，执行的效率更高，关注的对象更细，主旨是服务高校、服务师生、提供保障。校长办公会的常设机构是校长办公室，组织、安排和协调校长办公会的召开、高校事宜以及对外事项发布。在大学章程的制度安排下和政治权力的委托代理关系下，成立以校长为首的行政执行机构。下设人事处、财务处、医务处、总务处、就业处、保卫处、外联处等校级层面行政服务保障机构和各学院里设置的院级层面行政服务机构，学院办公室由辅导员、学院行政主任等行政人员构成。

三、学术机构

在大学章程的制度设计和保障下，成立学术委员会、学位委员会和教学委员会三大学术自治机构。分别设置学术工作部、学生工作部和教学工作部，管理高校的图书馆、电教中心、实验室和出版社，涵盖高校学生的招生、录取、选课、学术活动、学生活动、学习安排，等等。高校各学院也分别成立以上学术工作部、学生工作部和教学工作部的下属机构，自主管理高校师生的学习、活动、学术、科研和对外交流。高校各学院院长是学术型人才和管理才能的选择，是学术权力的代表，不依附于行政权力而自主实施管理，按照三会的内部宽松的学术氛围和松散的组织形式来满足本院学生的德智体美等各种技能的需求。

四、监督机构

在大学章程的制度设计和权力制衡体系中,成立校友会、校企联合会、工会、纪律检查委员会和审计监察处等监督反馈机构。监督反馈不受行政权力和学术权力的影响和制约,有向高校政治权力,即高校决策联席委员会提请重大事项审核和问责的权利义务。监督反馈机构既要监督反馈行政执行机构的机构设置和职责行使,也要监督反馈学术自治机构的机构设置和职能监督,配合高校决策治理机构做好高校自主发展的协同作用。

第五节 保障运行机制

高校是一个系统,由高校内部、高校领导人和高校外部三个组成部分。高校外部是高校实现高校善治的外部环境,高校内部是高校善治的结果,高校领导人是连接高校内部善治与高校外部参与反馈的桥梁,校长产生机制又受到高校外部和高校善治结果的影响。

高校内部运行机制,体现决策、执行、监督的组织结构:大学决策联席委员会、校长、学术委员会。大学决策联席委员会,利益相关者组成,决定大学的战略与发展;校长,战略执行人,行政首脑;学术委员会,战略和运行结果的监督者。这三者通过政治权力、行政权力和市场权力相互影响制约,相辅相成,合作共存。高校外部运行机制,主要指大学外部资源的获取机制,例如大学党委、学术委员会、学位委员会,主要资源包括资金、资源和人才,获取方式既可以通过市场竞争,也可以通过行政分配。所以,高校外部运行主要涉及的是大学与政府、社会的关系,评价标准是大学能否机会均等获得外部资源,特别是政府公共资源。高校外部运行机制合理与稳定要依靠法律和法规,即通过法治来实现。具体来讲,运行方式的高效有赖于科学决策体制的建立、和谐外部关系的营造和有序内部关系的理顺。

一、优化机制设计

决策体制是决定运行机制是否高效的前提和基础,优化机制高效运行的顶层设计,就是要探索大学决策体制的范围、决策内容以及决策实施等活动,决策体制要服务高校办学定位和大学精神,决策内容要针对大学办学自主权和办学风格等宏观层面,决策实施要配合管理制度和大学章程的具体规定,决策机制要结合高校内部权力运行机制而布置安排。其中学校办学模式和办学水平的确立是决策的核心与前提。

行政化高校管理模式下,大学决策体制是高校政治权力与行政权力统一成高校党委领导下的校长负责制,完全听命于所属政府机构,不论是学校创办、校长任命、高校经费来源乃至高校教学科研等具体决策内容。[①]同时高校内部决策系统主导高校发展,也是基于科层制的管理模式,实行"校—院—系—室"四层管理,部门负责人实施行政长官负责制,隶属关系明显,实施行政权力运行的组织结构。

---

① 李太平,张怀英. 高校行政化内涵辨析[J]. 高教发展与评估,2021,37(01):20-28+113-114.

政府主导的高校决策体制,高校内部运行来自政治权力意志表示,高校内部评价标准和依据也是政治权力价值标准和权力价值依据的再现。我国高等教育创新正是基于创新行政化高校管理决策体制和建立现代大学制度的出发点进行,"探索建立符合学校特点的管理制度和配套政策,逐步取消实际存在的行政级别和行政管理模式。"为了解决党委领导下的校长负责制决策体制带来的政治权力和行政权力泛化,规范权力运行,推行专家治学,鼓励决策参与,需要重构高校内部决策体制。

首先,完善高校党委领导下的校长负责制,深化为高校决策联席委员会和校长负责制两个决策体制。高校党委和校长的民主集中制决策体制可以深化为高校决策联席委员会和校长负责制两个决策体制以避免政治权力和行政权力的混淆和结合。高校党委作为学校政治权力的核心,其权力来源于国家,在高校中处于统治地位。我国高校党委肩负重任,总揽全局,协调各方,统一领导,主要是把握正确的高校办学思路,确定高校办学目标,明确高校办学任务,体现出我国高校的四大职能,实现高校的内涵式发展。高校决策联席委员会是以高校党委为主导,由高校内部各团体和部门的党员构成,职责很清晰:遵守大学章程,把握高校方向、抓好大事、做好协调沟通。该委员会不设实体机构,仅设高校党委作为实体组织,负责委员会的召开、组织、成员资格审核、会议发布等具体工作,为高校决策联席委员会服务。不参与、不干涉、不过问高校内部管理,只负责行政权力越权纠正(大学章程)、学术权力与行政权力调和、政治权力问责权行使。我国高校校长作为高校的法定代表人,在高校章程的明确界定下,积极行使行政职权,全面负责高校的内部管理和组织建设。

其次,提升学术权力,体现大学精神。我国高校决策体制的健全与否最重要的课题是培育学术权力的权力地位,成为行政权力的平等制衡权力。学术权力的主体是学者,按照大学章程,保护学者个体学术权力的学术自由,使学者成为自身学术工作的主导者和发起者,不依赖于行政指导,靠市场权力奠定自身学术权威。根据高校章程,建立自我评价和选拔机制,实施扁平化、非集权、松散的自主管理模式,通过学术机构(三会)即学术委员会、学位委员会和教学委员会来主导和行使高校学术权威,实现学术自由。

再次,推动制度创新,树立大学章程崇高地位。民主和法治是时代进步的标志更是大学发展的基础,建立现代大学制度就是要保证大学的学术自由,营造学术氛围、兼容并蓄、和而不同的学术环境。大学章程是高校的最高法则标准和权力界定规范,是现代大学制度的最重要载体还是高校政治权力、行政权力和学术权力的关系和纽带,涵盖信息公开制度、质询制度、人事罢免制度、问责制度、激励制度。针对高校校长负责制下的决策体制,需要遵守依法治校、民主管理,这是社会主义政治文明在大学的集中体现。具体表现:第一,行政决策主体参与多元化。广泛鼓励高校师生参与到学校的发展和建设中,使决策科学化、规范化和专业化。扩大高校教师的权利,教师拥有自主治学权和参与决策权等相关权利。学生是大学决策的相关利益者,学生应该而且有能力参与决策。适当削弱行政人员的权力,充分吸收校外各界人士参与高校决策,实现大学管理民主化和治理多元化。第二,决策过程参与民主化。推行校务公开,既要公开决策过程还要公开决策结果。根据大学章程管理办法对凡涉及师生员工切身利益、需要师生知晓以及高校管理规章制度等事项,均应通过高校的网页、BBS、校报、公示栏、微信等媒体媒介及时准确公开。第三,决策反馈沟通协调。建立决策事前意见征集、决策流程沟通、决策意见诉求归集、决策结果反馈改进等机制。保持信息沟通顺畅和回应解答及时。

二、营造机制外部环境

机制高效运行环境的构建主要着眼于两个关系的处理,一是与政府的关系,二是与社会的关系。和谐外部关系的营造一方面要弱化政府与高校的关系。首先,从高校的本质属性来看,政府与高校的监管与被监管的角色定位需要重新审视。高校是国家教育发展的重要组织,基于高等教育事业的公益属性,政府作为国家的管理机构必须对高校进行监管活动。政府监管权与高校自主权是我国高等教育管理中的一对矛盾体,过多监管势必扼杀高校自主权,过分放权也将难以保证高校发展的正确走向。为了实现政府监管权与高校自主权之间的适度平衡和职责定位,需要弱化政府在高校发展过程中的直接监管权力,转换成契约形式的制衡监管较为合理。

现代政府理念主张有限政府、法治政府和服务型政府,目前我国正处于事业单位创新的攻坚阶段,我国高校按照《中共中央、国务院关于分类推进事业单位创新的指导意见》中的事业单位类别划分,承担高等教育等公益服务,划入公益二类。这就意味着高校的公益属性和市场属性需要被同等重视,要发挥市场配置资源在高等教育发展中的作用。在市场经济条件下,我国高校不可能脱离市场而存在,高校中的市场因素已经开始显现,例如教授聘用的价位已经远远超过政府对高校教授事业单位编制工资的限制。同时,高校也不能被市场所掌控,不能完全推向市场,不能失去作为培养高素质人才的公益目的性。为了保证高校发展不脱离社会主义的方针政策,最终实现国家人才培养计划的国家利益,政府对高校的监管是必要监管。必要监管即由政府直接管理转为间接管理,由微观管理转为宏观调控管理,由严格从属地位管理转为平等契约制衡管理。政府通过明确的权利义务内容来监督约束高校,就可以达到政府与高校的适度平衡。

其次,从高校的发展历程来看,政府与高校的教育行政管理模式需要变革。我国高等教育管理创新自新中国成立就沿袭苏联的高度集权的管理模式,同时政府作为高校的出资者和举办者,政府管控沿用计划经济体制传统,加之我国数千年的官本位思想的传承,我国高校行政化是一个不争的事实。我国高校在整个构成和运行方面与行政机关在体制构成和运行模式上有着基本相同的属性,我国高校接受政府行政管理的统一模式、统一标准和统一步调自上而下进行建设和发展,导致高校办学自主权的本末倒置。高校内部行政人员成为学校运行的核心,教学科研人员丧失了对学校的支配权,导致高校主体出现混乱的情况。高校内部职称考评、职务提升及价值分配,不是出自自身素质和能力而是对行政权力的顺应程度,造成了高校价值颠倒。

为了确立高校学术权力本位,实现高校行政权、学术权和民主管理权相互制衡和监督,改变高校作为政府附属机构的历史地位,需要转变教育行政管理职能。政府不能将其行政权力触及高校的内部管理事务中,政府需要充分尊重高校的独立主体地位。政府只需要在高校自主权的约束方面对教育目标、教育质量、人才培养、教育经费等方面进行详细约定。允许高校自主制定教育计划、自主开展科学研究、自主确定内部机构设置和人员、自主管理和使用财产。政府对高校的管理主要职能是制定高校教育发展规划、进行宏观调控、提出指导建议等,不干涉高校内部事务,从而形成合作关系。有的学者认为市场经济环境下国家对高等教育的干预和调控活动是市场调节机制的一个必要补充手段,其目的是为了完善高等教育的管理体制和运行机制,其性质属于宏观性的第二次调节。

营造和谐外部关系的另一方面是要密切高校与社会的关系。高校作为知识组织,其职能在于通过教学传承知识,通过科研创新知识,通过社会服务应用知识。传承知识、创新知识、应用知识都是服务于学生和社会。塑造学生人性、完善学生人格、培养学生技能从而为社会发展提供智力支持保障是大学的崇高使命。高校的外部运行机制包括政府、家长、社区、教育机构和就业市场等多因素对高校发展和决策的资源交换和流通,在独立政府作为高校产权代理者的身份属性前提下,弱化政府与高校的关系,高校通过何种方式和办法加强其他社会资源的获得和输出成为高校发展的集中指向。

　　高校与社会的关系在不同的社会发展过程中呈现不同的表征,从农业时代的社会体系之外到工业时代的社会体系边缘再到知识经济时代的社会中心,高校与社会互动发展、渗透结合、共赢共存是源于二者的交集。高校的科技创新和人才优势能够形成产业化和信息化,这恰恰满足了社会自身需求,在社会区域经济发展、产业科技进步和谋求发展的基础上产生互动。互动的内涵包括合作项目,教育基地,继续教育工程,工程研究中心,远程教育,科技园,绩效技术和管理理念等多方面。高等教育不断适应社会发展的要求是二者互动的动力基础,合作共建联合机构是二者互动的运行保证,通过政治、经济和法律手段进行调控落实。现代社会与高校的关系概括为社会需要和资源输送来满足高校内部发展,高校秉持开放自由民主的精神充当社会前进的精神导师。

　　但是高校与社会的密切联系是建立在高校独立自主办学的前提下,即高校是为社会服务的教学科研中心,不是社会中企业的一分子,高校办学自主权、财政自主权是基于政府投入和问责调控,不会用市场规律来主导高校发展。高校对国家和社会的文化和精神等无形资产以及基础知识研发和社会公共利益至上的教学理念是大学所必须坚守的阵地。与此同时,社会对大学的认同和资源投入是有条件的,要求更多的社会参与和决策反馈。

　　高校与社会的这种"若即若离"的良性互动关系可以表述为:若离是思想、理智活动的独立和对高校外部运行机制保持相对独立;若即是高校与社会密切联系,互融互洽。高校与社会的良性互动主要表现:一方面,社会是高校的外部环境和基础,高校以社会为存在前提,汲取社会文化和社会资源完善自身;高校的人才培养和科技输出对象是社会,以满足社会需要和人类发展为社会价值追求。另一方面,高校作为社会的中心力量,指导社会体系的健全和完善,同时接受社会体系的适度介入和环境影响。

我国高等教育管理创新中的运行方式需要接纳高校与社会的"若即若离"的良性互动关系。高校毕业生要在生源市场、教师市场和院校市场中保持竞争力,必然要提高学术质量,采用最有效的学术管理办法,否则就会面临生存的危机。考虑到学术知识的复杂性和动态变化性,我们认为在竞争性的学术市场中专业的自我管制仍可能是最有效的保证学术标准的方式。同时社会融合到高校教育的知情选择权、参与权,能够从多层面和多角度参加高校决策和高校管理的具体工作,完成平等地位的参与权,使个人和社会利益与高校团体利益形成利益共同体,促进高校与社会的和谐发展,形成开放、负责、宽容和平衡的互动状态。

三、建构机制内部设计

高等教育管理创新运行方式中的关系理顺中,高校内部关系是创新成功的重要保证。大学管理根本上是以学术为中心的管理,其目的是为了促进学术的发展。学术管理的基础是学术思想的自由和探索的自由,发挥学术权力的主导作用,贯彻学术自由、民主管理的原则,在大学内部营造民主的宽松的学术氛围,为科学创造提供良好的学术环境。理顺大学内部关系主要是协调行政权力和学术权力的关系,落实高校办学自主权,遵照大学章程,依赖高校内部合理的机构设置,实现高校善治。本质上来讲,理顺高校内部关系是多中心化治理过程。

首先,健全和完善大学章程。大学章程是高校内部权力运行的法制基础,是大学内部权益相关者制度化规范文件,是大学管理运行纲领性指导。大学章程必须对高校内部政治权力的问责权的行使、行政权力的行使、管理权的界定、学术权力的行使、专业权和市场权力的行使、参与权等相关制度性规定落实,为高校管理创新提供法律依据。其次,优化高校内部决策权力结构,确保学术权力在学术管理的主导作用。明确三会(学术委员会、学位委员会和教学委员会)的具体职责,行使学术范围内的决策、管理、监督、实施和咨询职能,加强三会组织建设、人才建设、制度设计,依据大学章程坚守学术道义、大学精神以及校训。建立质量为上的学术评价制度,建立公开、透明、公正、严格的聘任、晋升、科研激励制度,让学术管理回归学术本位。凸显严谨求实的学术态度和风气,确保学术评价活动的独立自主评议。再次,完善大学校长负责制,提高行政管理水平。依据大学章程,完善规范大学校长行政权力的行使范围和权限,使其专注于服务学术、服务学生和服务学校。大学校长具有教育管理能力和现代管理能力,全权处理大学行政事务,接纳吸收市场权力的决策参与咨询、意见反馈,公平处理校务与学术的从属与主体定位纠纷,尊重学术、尊重教授、重视人文建设。促进高校内部组织机构设置扁平化,提升行政管理人员的服务意识和业务技能水平。完善高校人事制度、后勤管理制度、财务管理制度、信息管理制度等行政管理具体制度。

第六章 高等教育管理创新实践

第一节 高等教育方法创新

一、中央政府宏观管理与服务是创新的关键

（一）中央政府宏观管理的必要性

当市场在高等教育中发挥着越来越大的作用的时候，政府也在高等教育的发展中承担着越来越大的责任。政府应该管理高等教育，而不是高等学校；政府要由划桨者转为掌舵者，由运动员变为裁判员，而且随着运动员水平的提高、比赛级别的提高和范围的扩大，裁判规则也要作适当的修改和调整。①《我国教育改革和发展纲要》中指出：中央直接管理一部分关系国家经济、社会发展全局并在高等教育中起示范作用的骨干学校和少数行业性强、地方不便管理的学校。经过多年的高等教育管理创新，目前我国的高等学校按学校的教学、科研实力进行了分类，具有一定的层次性：第一层是研究型大学，如进入创办世界一流大学行列的几所大学、教育部所属的其他全国性重点大学以及中央政府业务部门和各省（自治区、直辖市）重点

①李淑君. 中美高等教育行政管理体制比较研究[J]. 中国电力教育，2010(25):5-7.

支持的大学;第二层是教学型大学,如除第一层以外的四年制大学和学院(包括少数有资格授予学士学位的民办高等学校)、专科性普通高等学校(含高等职业学校、两年制学院);第三层是大众性和普及性高等教育,包括社会力量举办的其他高等学校和高等教育自学考试系统的学校。它们构成了我国高等教育的完整体系,对满足人民受高等教育的需要做出了重大贡献,这些不同层次的高等教育要在国内、国际市场上竞争,中央政府的作用是任何组织都无法替代的。尽管中央政府并不是完全直接参与对它们的管理,但是在国际上作为国家教育利益代表的中央政府起到了其他任何组织或团体都不能替代的作用。我国中央政府对教育的宏观管理是由目前我国高等教育的实际决定的。

我国高等教育发展极不平衡是我国高等教育管理中的最大实际问题。首先,是区域发展不平衡。因为我国的高等教育是按大区分布的,北京、上海、西安等区域是大学分布比较密集的地区。公共经济理论认为由于地方公共或准公共产品具有溢出效应,教育聚集的地区经济就会发展很快,而经济繁荣又会吸引更多的高层次人才,使教育与经济相互促进,协调发展。但经济相对不发达的西部地区就会输于教育起点的不平衡,越来越落后。其次,是学校层次发展不平衡。我国的高等教育存在分层的现象,对于不同层次的高等教育,中央政府要采取不同的管理方法和手段,才能发挥它们的积极性,提高办学效益和教育质量,满足我国不同层次的高等教育需求。最后,是学科层次发展不平衡。第一、二层次的大学拥有国际或世界一流的学科,它们在我国有很高的竞争力,但在国际竞争中就不一定有这种优势,所以中央政府要在财政上给予资助,政策上给予优惠,让它们发展壮大以后参与国际竞争。

(二)中央政府宏观管理的主要手段

高等教育立法,是国家对高等教育干预的显性方式。通过立法使国家对高校自主办学的干预规范化、制度化、系统化和制衡化。制定"游戏规则",维护市场竞争的正常秩序,包括制定最低教育标准并监督实施,以避免竞争对教育质量的负面冲击。凭借立法来实现国家对高等教育的控制和管理是二战以来各国高等教育发展的一个重要标志。在我国,通过立法手段,政府打开了长期关闭的高等学府的"铁门",新的投资主体进入高等教育,新的学科进入大学的课程,使高等教育与社会、经济发展的关系真正紧密地联系起来,也为高等教育的国际化和我国高等教育竞争创造良好的制度条件。因此,不仅是要建立各种高等教育法规,使法规具有一定的稳定性的问题,并且要有法必依,以保证法律的权威性,使权力分配的各方在法律的实施上有保障。

高等教育拨款是国家对高等教育干预的隐性方式。随着近年来我国高等教育经费资源紧张,高等学校对政府的经济依赖性日益严重,中央政府有时反而成为高等教育事业最大的投资者和消费者,经济手段成为国家政府向高等教育施加权力、渗透意志、获取利益的最有效手段。我国可以借鉴发达国家的做法:接受中央政府投入的大学,在经费投入范围内的行为必须服从中央政府的要求和利益,这一制度,既保持了大学的自主性,又实现了政府对大学的管理目的。如政府要发展某一科学领域，就通过合同招标的方式，由多所学校来竞争，使具有更高效率和效益的高等学校获得科研经费，这样既提高了高等学校的积极性，又使国家的宏观调控更加有力和有效。在引导大学的发展方向上，通过经费资助的投入，促使大学向政府所要求的方面发展。政府通过协调高等教育，使之在整体上系统化，使高等学校的功能整体最优。另一方面是转变政府投入方式、方法。在相对减少的政府投入中，其投入方式也要不同于以往，应该是以合同式的投入或第三者代理式等投入，引入竞争式拨款，一个大学获得经费的多少，要靠其实际工作行为的多少与绩效高低来确定。这样就会提高教育资金的利用效率、促进教育资源的优化，使好钢用在刀刃上。

高等教育服务是国家对高等教育的支持方式。高等教育要健康发展，离不开良好的社会环境，如规范有序的市场、完整全面的法律体系，畅通、灵敏的信息交流网络等。这些既是大学发展必不可少的保障条件，又是大学本身无法解决的。而政府正是为保障大多数人的利益而存在的，它有义务也有能力为社会各主体的发展提供它们自身无能力解决的外部条件，促进高等教育服务体系的发展。要建设教育信息化，要把教育信息化工程列入国家重点建设工程，以信息化带动教育现代化。重点支持并加快以我国教育科研网和卫星视频系统为基础的现代远程教育网络建设，建成一批网络学校。完善高等学校的计算机网络建设，加快数字图书馆等公共服务体系建设，进一步改善高等教育的信息环境，要为我国的高等教育参与国际竞争创造良好的服务环境。

除此之外,制定和实施与国家现代化进程相配套的高等教育发展战略和规划,包括国家重点支持项目的设计和实施,提升国家高等教育的水平,提高政府的利益整合能力,以解决高等教育发展的地区差距,协调利益冲突,维护全社会的教育公平,其重点是扶持落后地区的高等教育发展,特别是西部欠发达地区的高等教育的发展。传统体制下中央政府过于集中的权力要进行分解,一部分属于高校的办学自主权要还给高校,一部分权力下放给地方政府,一部分职能转移给社会中介组织。实现管理方式的宏观、间接管理;管理手段的竞争激励与竞争约束相结合;优化高等教育的社会环境等,这些都是中央政府宏观管理的重要方面。

二、地方政府统筹管理与服务是创新的重点

当中央政府把高等教育的地区统筹权交给地方政府的时候,地方政府对高等教育的发展就承担了更大的责任。中共中央、国务院正式颁发的《我国教育改革和发展纲要》中就明确提出:"对地方举办的高等教育的领导和管理,责任和权力都交给省,扩大省的教育决策权和包括对中央所属学校的统筹权。"党中央、国务院召开了改革开放以来第三次全国教育工作会议,颁发了《中共中央国务院关于深化教育改革,全面推进素质教育的决定》,指出:"经国务院授权,把发展高等职业教育和大部分高等本科教育的权力以及责任交给省级人民政府,省级人民政府依法管理职业技术学院和高等专科学校;进一步简政放权,加大省级人民政府发展和管理本地区教育的权力以及统筹

力度。"

统筹权是指政府为实现最佳的整体效益，在一定范围内综合协调各办学主体之间及各种管理要素之间相互关系的权限，如对招生规模、毕业生就业、经费投入、资源配置、专业布局及教师人事等进行的统筹和协调。加强地方政府的高等教育统筹权，就是在管理过程中协调高等教育各管理要素之间的关系以达到管理目的的权力，就是要加强省级政府对本地区高等教育的统一筹划、综合考虑、全面安排的权力，而不必严格划分这些高等学校的隶属关系。通俗地说，就是不管高等学校是否属于省属高等学校，只要它地处本辖区，就应该纳入本省高等教育统筹的范畴。由此可见，加强省级政府高等教育的统筹权，实际上是指省（自治区、直辖市）政府对地处本地区内的中央部委所属的高等学校的统一筹划与协调权。所以，省级政府对高等教育的统筹，其基本含义应该是对本辖区的高等教育事业的改革与发展、结构与规模、速度与效益、教育教学与科学研究及社会服务、政策法规与管理规划，中外合作与交流等高等教育发展的重大问题进行筹划、综合考虑，以力求建立一个与地区经济及社会发展相适应的区域高等教育体系。加强省政府高等教育的统筹权，并不仅仅是加强省政府对部属高等院校的协调权，而是指省政府应该将本地区所有高等教育机构视为一个整体系统，根据本地区经济与社会发展的客观需求，对本地区高等教育事业的改革和发展进行统一规划和全面部署、政策导引与执法监督、资源配置与检查评估、协调关系与信息服务，就是充分发挥省级政府在高等教育领导与管理中的主导作用。加强省级政府的统筹是区域经济发展的要求,也是中央机构改革和政府职能转变的客观需要。加强省级政府对高等教育的统筹决策权,是同世界上高等教育地方化发展趋势相一致的。美国的州政府管理高等教育的经验是值得我们借鉴的。要继续坚持在保证全国大政方针统一的前提下,对高等教育事业实行分区规划、分类指导的原则。这一点对地区间高等教育发展极不平衡的我国来讲,显得更为必要。

(一)规划是实施统筹管理的有效途径

高等教育发达的美国十分重视规划在高等教育协调和管理中的作用。在其教育总体规划中,"州政府试图确定现有各类公立学院的任务和服务范围,确立新建学院的标准,决定物资设备改造和建设的重点,以及依照潜在学生和公众的需求批准新建教育计划,等等。"我国的高等教育实行省级政府的整体统筹后,已很难再采用过去的行政命令的方式进行管理,最好的办法就是通过高等教育中介咨询机构和高等学校共同研制地方教育规划:高等学校的数量、高等学校地点的布局、各级各类的高等学校的定位、不同层次的高等教育体系等都要统筹协调安排,从各省经济和社会发展要求出发,从本地方高等教育发展的实际和规律出发,提出优化发展目标,以确保高等教育资源的有效利用,发挥当地优质高等教育资源的辐射作用,提高区域高等教育的综合竞争能力,实现高等教育短期效益和长期效益的协调发展。

(二)拨款是实现统筹管理的必要手段

没有有效的拨款制度和机制,地方政府要充分、有效地履行对本地区高等教育的管理职能是很困难的。在高校面向社会自主办学之后，拨款权就成了政府进行调控的一根灵活有效的指挥棒。地方政府要改革现有的高等教育事业费拨款模式，拨款应以高等教育评估结果为主要依据，考虑高校办学效益和对本地区经济发展的贡献进行动态调控，并做到拨款程序依法、科学、透明、公开、有效。地方政府可以根据学校的师资力量对重点学科或政府认为重要的学科和专业追加投资。对在教学、科研等方面取得重大成果的项目和学科，政府可以给予经费奖励或资助。对国家或地方支持的重大、关键科研项目，要给予重点照顾或优惠。在其他方面，如精神文明建设、校园环境建设等方面，地方政府也可按照不同的水平和标准，给予相应的选择性投资或拨款。

（三）竞争是实现统筹管理的内在动力

地方各高等院校的发展水平和实力是不相同的，层次也不一样，所以为高等教育创造公平的竞争环境是地方政府的重要责任。再加上随着国际交流的加强，外国学生和外国学校都要在地方"落户"，所以地方政府要对他们采取公平、公正的政策，这对学术交流和学科的发展，中国传统和特色文化的发扬，特别是促进区域经济的发展，提高我国的国际声誉等，都有着无形的影响力。随着我国改革开放的不断深入，高等教育的国际交流与合作变得越来越不可或缺。地方级政府应该在扩大本地区高等教育的对外开放、加强本地区高等院校的国际交流与合作方面发挥重要作用。地方政府在国家有关法规和政策的指导下，可以制定一些地方性的法规或政策，加强地方与地方之间的高等院校开展互派学者和留学生、进行科研合作与共同商讨、联合办学等国际交流与合作的活动,鼓励本地区高等院校依法自主开展与境外高等学校之间的科学文化交流与合作。从而促进本地区高等教育的国际交流与合作活动的广泛深入开展,进一步促进本地区高等教育的国际化。

三、社会参与管理与服务是创新的趋向

社会为什么要参与高等教育的管理,管理制度经济学用公共角度对此进行了阐述。公共理论是20世纪60年代后兴起的政治经济学思想,这一思想认为,"官僚机构运作的好坏不应由简单的效益和效率来决定,而是由公民的满意度来决定。在多中心、多层次、互相制约的官僚体系中,决策权和行政责任应尽可能往下分,最大限度地让受到决策影响的人参与决策。"也就是说,让广大民众有公共决策最终决定的权利。公共理论反对官僚主义,强调服务的顾客导向;反对政府的强化干预,强调权利与自由;要求从重投入、重规章转到重产出、重结果转到重视服务提供的质量与效率。

为了能真正维护人民群众在教育中的利益,真正体现民主和公平,就必须吸收与高等教育相关的社会各个阶层、团体和个人参与到高等教育管理中来。社会不仅对高等教育的情况和运作十分敏感,而且能够影响高等教育的决策,并能在高等教育管理中发出自己的声音。也就是说,社会参与高等教育管理是高等教育发展的必然趋势。

我国在高等教育管理创新中,由于改变了中央政府和地方政府管理高等教育的一些传统职能,加上高等教育在

大众化发展进程中竞争的加剧,高等教育的发展与社会发展的联系日益紧密,所以政府有限的管理职能已经不能满足高等教育发展的需要,这就要求社会参与高等教育的管理,体现高等教育的民主管理倾向。《中华人民共和国高等教育法》提出:"高等学校应当面向社会,依法自主办学,实行民主管理。"国务院关于《我国教育改革和发展纲要》中指出:"为保证政府职能的转变,使重大决策经过科学的研究和论证,要建立健全社会中介组织,包括教育决策咨询研究机构、高等学校设置和学位评议与咨询机构、教育评估机构、教育考试机构、资格证书机构等,发挥社会各界参与教育决策和管理的作用。"这里的"咨询、审议、评估等机构"就是中介组织,就是社会力量参与管理的重要的形式,也为社会参与高等教育管理提供了制度上的保障。在我国的高等教育管理创新实践中,社会参与管理的确存在,而且参与的方式和内容越来越多,特别是在民办学校这块发展很快,如:企业界的代表参与高等教育的宏观决策,以便使有关决策更好地适应社会的需要,组成社会各界代表参加的高校董事会,为学校办学筹措资金,参与高校决策,为学校管理提供咨询,对学校进行监督,建立"产—学—研"联合体,对高等学校办学水平和质量的评估,等等。社会参与管理作为一种重要模式和一项重要措施,对我国高等教育的管理起到很大的推动和完善作用。但由于我国高等教育管理的社会参与还处于起步阶段,还存在一些问题需要解决:由于政府管理高等教育的职能转换不彻底,高等教育的管理权也一直在政府和高校之间进行分配,所以社会管理高等教育的权力缺乏,特别是公办高校的社会参与管理几乎还是空白;社会、企业参与管理的渠道单一,参与面不广且深度不够;企业一般着重于科研和生产,对教学质量的反馈参与不够,缺乏长久的合作与沟通,社会个人参与高等教育管理还远远不够。

　　高等教育管理的国际经验表明,社会力量参与高等教育已经成为高等教育健康发展的不可或缺的力量。纵观世界各国的高等教育,我们可以看到,市场经济越发达,越要求加强高等学校和企业的联系。从学校方面讲,是为了自身的生存和发展;从企业方面讲,是为了在激烈的市场竞争中求得立足之地。而且,为了在就业竞争中取得优势地位,学生和家长们也越来越关心高等教育,社会的全面进步也越来越依靠高等教育。这些因素都推动着包括企业在内的社会各方面的力量以多种形式在各种程度上参与高等教育的管理,社会的呼声和要求对高等教育的发展和改革也正在起着越来越大的作用。所以,在我国当前的高等教育管理现状下,为了能让社会力量真正地成为高等教育管理中的重要方面,政府和高校务必让出权力空间,使社会力量积极发展、完善。要用法律来规范和保护社会力量参与高等教育管理的权力,方能实现高等教育管理的社会参与。

四、发展高等教育中介组织是创新的重要措施

　　建立有效的中介机构和组织并充分发挥其作用,是健康社会发展的标志之一,也是实现高等教育管理科学化、民主化和决策结构得以优化的重要途径。中介机构一般通过研究、咨询、信息、拨款、评估、考试、督导等功能的发挥,沟通高校与政府、高校与社会之间的联系,起到重要的

缓冲和润滑作用。一方面有效传递政府和社会各个层面的意图和思想,另一方面,及时反馈高校的要求和愿望,既可以约束政府违背办学规律、脱离实际的强制性干预,也可以在一定程度上制约高校有悖于政府方针和社会发展趋势的盲目倾向。当然,前提是这种中介必须是真正意义上的中立机构,而不能是行政部门的代言人或附属机关。

在国外,美国、德国、日本、英国的高等教育中介组织都比较发达。美国的"大学基准协会",由各大学派出代表组成并提供经费,其主要任务:"根据该协会制定的学术标准,对大学进行评估,对达到标准的大学,协会承认其具有基准委员会会员资格,对不符合标准的大学则不予承认,以此来推动各个大学不断改进教育教学质量。"还有卡耐基高等教育委员会等中介组织发挥着重要的协调功能。在德国,德国除"大学校长会议""科学审议会"外,还存在着许多教育协商、咨询、协调和合作机构,它们对高等教育的发展起到了重要的作用。在日本,有中央教育审议会、临时教育审议会、大学教育审议会等咨询机构。英国有"大学拨款委员会""大学基金委员会""多种技术学院及其他学院委员会",等等。这类组织一般具有独立和权威两大特点,尽管它也接受政府拨款、基金的资助,有的主要成员也是由政府任命的,但它的运作方式是独立的。同时,这类单位得到了政府、学校、教授、社会的普遍认可,具有相当的权威性。这些中介组织,一般通过咨询、评价、指导,沟通高校与政府之间的联系,一方面有效地传达政府思想,贯彻政府意图,另一方面反映高校的要求和愿望,既可约束政府越权干预高校,也可以监督高校有悖政府方针政策、法律制度的偏激倾向。

　　著名经济学家吴敬琏在经济研究所等单位主办的"市场经济与中介服务业发展论坛"上说："中介组织是保证现代市场经济能够运转的支持系统,它的主要功能在于为交易双方提供中介服务,以便降低交易成本,特别是信息成本。"在现实生活中,信息不对称有时是非常严重的,依靠各种中介组织的信息服务可以降低交易成本,节约交易费用。一个完善的市场经济体系,必须具备发达的中介服务组织系统,同样地要建立一个公平、高效的高等教育竞争环境,高等教育中介服务组织也是不可或缺的。我国随着政府职能向宏观转变,学习型社会的建立,不论是高等学校还是社会个人,都需要中介组织参与高等教育的管理中来,学者们也对教育中介组织的法人性质、类型、特点等理论进行了探索性研究。可以说,高等教育中介组织实践将是我国近期高等教育社会参与高等教育管理的最重要的形式。

　　中介性质的教育组织可以向社会提供高校办学情况的信息,促进社会对高校的理解和支持。它还可以从不同方面对高等教育的发展施加影响,以促进大学适应社会的需要。同时由于中介机构具有独立性、权威性,所以它在社会参与高等教育管理中发挥着其他社会组织不可替代的作用。为了能够反映社会各方面的需求和利益,发挥它们在高等教育管理中的社会监督作用,有必要借鉴发达国家行之有效的中介运作模式,尽快建成具有我国特色的、与现代大学制度相适应的中介制衡系统,使其评估结果成为高等学校教育评估系统中最具权威性、最具科学性和最具特色的评估组织。

首先,要建立各种类型和性质的中介机构。使它有十分广泛的社会参与度和社会代表性,各个社会阶层和团体,都有反映自己呼声的组织,如召集社会各界人士协商组成权威的中介组织。"使它能在高等教育评估、科学研究、提供顾问咨询服务,探讨教育改革等方面作出不随政府意向而亦步亦趋的,比较客观可信的成果。"①应打破那种与行政级别对应设置教育中介组织的单一思路,建立跨区域、跨部门、性质多样的综合或专业教育中介组织。如"教育咨询、审议机构,教育指导、服务机构,教育评估机构、教育资格认定机构,教育会计、审计机构,教育仲裁、法律机构等。"它既可以承担政府职能转变后的一部分职能,也可以成为高等学校参与市场运作的中介。其次,就是规范中介组织的运作。用法律来规范和保护其参与高等教育的管理权力,并相应确定其连带责任或有限责任;认真对其进行资格认定、登记、监督和检查;维护良好的市场秩序,并为其自主开展活动提供一些优惠政策。如:明确中介组织的性质,在行政上、经费上与原行政部门脱钩,对原有的办公用房、注册资金等可采用投资入股或其他方式划归为中介组织,多渠道、多形式地吸收发展资金,增强社会中介组织的经济实力,实现兴办主体的多元化和社会化,从根本上打破"官办"或"半官办"的性质。最后,高等教育中介组织要办出自己的特色。围绕自己的目标和使命开展活动,要有严格的质量意识,注重职业道德建设,遵守协

①周长明,程宁,陈鑫. 高等教育改革发展历程及规划研究[M]. 北京:中国华侨出版社, 2020:120-121.

会的各种制度和章程,自重自律,为会员提供自己所承诺的高质量的服务,通过实践工作树立自己的品牌和声誉。熟悉国际市场的国际惯例,学习国外最新的中介服务的知识。

正如夏鲁惠在《充分发挥我国高等教育中介组织的作用》中总结的:目前,围绕我国高等教育的发展,高等教育中介组织就如下一些问题开展研究、咨询、服务等工作显得尤为重要。"开展高水平大学领导和管理的成功要素及其基本特征的研究;开展21世纪大学发展的目标定位和战略选择的咨询服务;开展现代大学的管理体制、运行机制和组织构架研究;配合教育部开展人才培养模式、师资队伍建设与教学质量保障的研究;推进大学的资源开发与配置。"这对我国高等教育中介组织的行为提出了更高的要求,不仅是提供中介服务,还要为政府做好高等教育改革和发展方面的各种科研论证,还要进行高等教育管理、科学和学术方面的研究工作。

第二节 高等教育文化创新

从基本职能和主要活动特征分析,高等教育属于社会的文化部类,而在内涵宽泛的文化概念中,学术文化是高等教育一切活动的内在属性和外在表现,它既包括科学研究,也包括教学活动,还包括社会服务中的成果转化与技术革新。创新是学术文化的生命元素,建设高等教育教学学术文化,必须高扬创新旗帜,为教师开展教学方法创新提供良好环境和精神指导。

一、高等教育学术与教学关系

现在,人们一提到"学术"似乎就指向了专门的科学研究活动。但在高等教育,这种认识是不准确的,或者说这种观念是在长期的"以偏概全"误导下对高等教育活动本质特征的误解。考察大学的起源及其活动特点,这种狭义的"学术"活动是很晚才出现的,而且它似乎还排斥科技应用,使"学术"陷于了一个非常狭窄的范畴。追溯高等教育主要活动起源,教学活动无疑是最为悠久、最为本质的大学活动类别,它与大学的出现同步或者更早。

高等教育发展到今天,已然形成高等人才培养、科学研究、社会服务三大基本社会功能。但这种功能格局是不断加速演进的,直到近半个世纪前才在美国基本定型并逐步向世界其他国家延伸。美国高等教育的这种"功能创新"也给高等教育自身发展带来了预想之外的麻烦。教学或人才培养活动逐渐丧失其学术探究性特征,教学甚至被挤出"学术"视域,这显然不利于大学基本功能人才培养工作的开展。曾任美国教育部长的卡内基基金会主席厄内斯特·博耶首先提出了"教学学术"问题,从"学术"的内涵出发,反击了学术不只是专业性的科研,而是既有探究性的学术、也有整合性的学术,还有应用知识、传播知识的学术,在这个完整的"学术架构"中,"传播知识的学术"被称为"教学的学术"。自此教学的学术性引起了广泛关注,并将学术文化引入教学创新活动。学术文化被引入教学活动不是"外来"的,而是高等教育教学活动本质的复归。高等教育教学活动从来就与学术探究活动密不可分,即使现在大学功能得到分化,也不能剥离教学活动的学术特性。具体来说,教学与学术探究有三重联系。

第一,高等教育教学活动总体上与基础教育教学活动重在"传播知识"不同,从教学目标出发,要注重培养学生的探究和创新能力,亦即不仅让大学生知其然,必须让大学生知其所以然。前者是沿袭基础教育方式,在一般教育学、教学论指导下的"知识本位"教学观,后者则是从高等教育自身特点和规律出发的"能力本位"教学观。前者是高等教育教学的痼疾,后者是需要改进和努力的方向。

第二,高等教育教学活动要培养大学生的创新思维、批判精神等内在素质,这种思想素质不是"传播—接受"模式可以实现的,纯粹的"传播式"教学达不到这个目的,必须在有关学术探究活动体验中让学生逐步"养成"。教学活动与学术探究活动有机结合,有利于培养学生的学术精神。

第三,高等教育教学活动自身的教学内容和方法途径必须具有探究性。教学所需的知识信息要及时更新并按照教学传播实际需要对知识进行再加工,以适应教学对象,而不是某个已有知识的"原生态";高等教育教学活动中对教学内容的选择还有一个"未定型"知识的纳入问题,长期以来,对教学内容的选择基本是"定型"知识,所以学生在教学活动中对探索未知几乎不用涉及。另外,方法手段要随技术发展不断改进。

二、高等教育学术文化的核心是创新

建立高等教育教学学术文化的根本在于以此引入学术的创新特征,促进教学以及教学方法的创新。因为,创新是学术文化的本质要求。一段时间以来,教学活动游离于学术之外,学术的创新特质也远离了教学活动,导致教学以及教学方法创新举步维艰。

整个高等教育文化的重要标志就是以创新为轴心的学术文化,高等教育文化的界定,就是探究的学术文化、整合的学术文化、运用知识的学术文化和传播知识的学术文化。创新,无不植根其中。即使是按照大学功能划分,创新也蕴含在每项功能的发挥过程之中。毋庸置疑,科学研究需要以创新为武器,那么人才培养和社会服务同样需要以创新为先导。高等教育的社会服务功能,其实是从转化高等教育科研成果,求解社会的生产、技术、管理等领域的问题起步的,这实际与科研工作一脉相承,甚至就是科研工作的延续或场所转移。因此,运用知识也是需要创新的。

在人才培养,尤其是作为人才培养核心环节的教学活动,创新元素一直存在而且非常普遍。比如教学内容,最早的教师几乎就是教学内容的化身,没有教材等知识载体,则教师日益更新积累的思想学说就是教学内容,被应用于教学活动中。这是教学内容的创新,思想有多远,学说就有多深。倒是现在的信息载体日益丰富发达之后,教师们的思想学说反而少了,有的只是更新而非创新,所以师资力量相较之前匮乏。再比如教学技术,从口头教学方式到粉笔加黑板,这就是一个源于教学实际需要的巨大的教学方法创新,其意义不亚于现代网络课堂技术。还有孔子、苏格拉底等的问答式、对话式教学方式,都具有创新生命。所有人才培养环节的这些创新,远远早于大学科学研究职能的产生。所以,在当下意义说创新是高等教育学术文化的核心,而从起源上说,创新更是高等教育人才培养活动的核心。因此,教学具有以创新为特质的高等教育学术文化属性。

三、重视高等教育教学学术文化

高等教育教学活动是占绝对主体地位的高等教育活动。教学的文化生态样式决定了教学的价值走向。

以创新为魂,重振高等教育教学学术文化是推进高等教育教学方法创新的"招魂"之举。教学方法创新不是凭空捏造新式工具,而在于构建一个适当的环境氛围。富有创新内核的高等教育教学学术文化既是曾经的教学生态样式,又是现在需要大力恢复和重建的教学生态。追溯教学文化传统样式的失衡,很可能是高等教育科研、社会服务两大后发功能的冲击。现在重振高等教育教学学术文化不是要削弱这两大功能或淡化这两大功能中的创新元素,而是要强化三者之间共同核心的渗透与通融,尤其是现代研究型大学的强大科研功能和大批应用型大学的社会服务功能,可以为教学活动注入无限的创新基因。

四、重视高等教育教学管理文化

教学学术文化的建设是一个系统性工程,也必然是一个长期的过程。作为重要推力之一,重构高等教育教学管理文化乃当务之急。长期以来,在"教学非学术"语境下所形成的一系列教学管理制度与文化就是高等教育教学学术文化建设或教学创新的首要障碍。[①]

通过对一系列管理制度分析,无论是主要针对学生的教学管理还是主要针对教师的教学管理,基本上可以归并于三种属性:机械管理、规范管理、科学管理。这三种层次不同的教学管理,是现代以来高等教育教学管理文化的基本进化路径,但在不同国家和地区,在不同高等教育中有先后差别。机械管理曾经是"科学化"的代名词,取代了千百年时间一直沿袭下来的"自由教学",这对教学规模的扩大,尤其是开始组织班级教学是有重要贡献和意义的管理革命。规范管理并非新生物,而是机械管理的改进升级版,无论就教学对象还是就教学方法而言,机械管理和规范管理都是扼杀创新的、忽略个体差异性的。在教学方法创新上,两者形成阻抗,越是强调规范,创新越难以实现,越是创新的教学方法,越是打破规范的约束。科学管理注意到了各种特殊性的存在,在方法上具有一定伸缩性,与教学方法创新可以相容,所谓科学就是要尊重规律,尊重教学方法的规律进行教学管理是可以发挥教学方法创新

---

①李旭芝. 高校教学管理制度建构的多重逻辑[J]. 中国农业教育,2021,22(04):82-89.

作用的。

　　重视高等教育教学管理文化,就应该走科学管理的道路,更加注重教学学术文化特性,使教学管理更趋于学术管理,尽管现在的高等教育学术管理也严重存在"不科学"现象,不能管得过死、过于规范,从而违背高等教育教学的学术精神。仅从教学方法及其创新角度来看,自由是创新的根本源泉,无论是现代意义的科学研究还是教学创新,管理过于机械、规范的,自由度就越小,产生创新成果的概率就越小。因此,要呼吁教学自由。教学自由又必须从教学管理的变革开始,使教学管理富有自由创新色彩。

第七章 高等教育管理质量评价体系构建

第一节 高等教育管理质量评价体系的理论提升

一、质量评价、质量保障与质量管理

评价是提升质量保障的有效手段,但评价又是非常困难的事情,甚至可以说是管理学的世界性难题。毕竟评价是一种基于价值的判断,具有较强的主观性。因此,没有绝对客观、公正与科学的评价。在此情况下,评价就更需要理论的指导。质量评价以质量判断为依据。质量管理问题将伴随着高等教育的繁荣存在而存在。质量保障则是质量管理发展的新阶段,具有特定的历史意义①。比较而言,质量保障突出整体性,质量管理凸显过程性。正如现代管理学的开拓者彼得·德鲁克教授所说的:"管理是一种实践,其本质不在于知,而在于行,其验证不在于逻辑,而在于成果,其唯一权威就是成就。"现代管理学研究表明,质量来自管理,质量的高低又取决于管理的优劣。因此,高等教育质量保障的关键是建立完善的教学质量管理

①王建华. 高等教育质量管理——组织的视角[J]. 高教探索,2009(05):13-19.

制度,即建立以激励为主的有利于学生个性发展的教学制度和教学管理运行机制,强化教学过程管理,加强对教学质量的监控和评价。唯有建立适应高等教育大众化和普及化的质量保障与评价体系,才能使高等教育的质量得到切实保障。

早在1998年,联合国教科文组织的《21世纪的高等教育:展望与行动宣言》中就明确指出:"把学生视为高等教育关注的焦点和主要力量之一,应当在现有的制度范围内通过适当的组织结构,让学生参与教育革新(包括课程和教学法的改革)和决策。"可见,只有建立完善的组织和制度,才能真正发挥学生对提高高等教育质量的推动作用。如果没有组织和制度作为保障,再好的理念也只是"镜中花、水中月",难以转化为具体的实践。再者,还要进一步加强高校校风、教风和学风建设,构建一个有利于学生健康发展的优良环境。

如何使中国高等教育的发展在国际视野和中国特色之间保持张力,应当成为我们关注的一个重要问题。既不能让国际化变得虚无缥缈,甚至遮盖住我们办学的本质和特色,也不能让保持中国特色变成了低水平、低层次办学的借口。建立高校内部质量保障体系既是高校进一步深化教育教学改革、落实科学发展观的着力点,也是进一步巩固评价成果的关键,是构建有中国特色教学质量保障体系的基础性环节。要进一步促进高校的内涵发展,通过内部质量保障体系的构建和外部质量监控体系的完善,最终形成保证和提高教学质量的长效机制。高等教育要真正关心学生的生存境遇和发展命运,这就需要了解学生是否在低质量的环境中学习,而不是去对质量的定义进行令人头疼的哲学思辨。

总之,管理的对象有二:一为人,一为物。现代意义上的管理主要是通过体制和制度来实现的。一般而言,体制和制度要为人的能力的充分发挥提供机会与平台、政策与规则、管理与服务。当代中国社会最需要但又缺乏的恰恰是保障并促进每个人的能力的充分正确发挥的体制和制度。

二、高等教育质量评价体系的设计原则

(一)评价体系设计的激励性原则

高等教育质量评价,是把各学校的教育工作置于横向比较、鉴别之中,经受评价检验。通过评价,获得学校教育质量的高低、优劣信息,形成客观的比较鉴别,必将产生强大的压力和动力,进而激发和增强他们的竞争意识。开展教育质量评价,就是相当于把竞争机制引入教育领域,通过评价实行奖惩制度,科学的评价制度和方法将为教育竞争创造一个公平合理的良好环境。在质量评价的过程中,高等学校必须始终坚持以发展为本的重要原则,要根据评价对象过去的基础和现实的表现,对学校的各方面状况进行全面分析,这不仅仅是对高等学校的教学成果作一个价值判断,更是要通过对评价对象的评价与诊断来发现其所存在的问题和困难,使被评价对象进一步明确未来发展的目标,激励被评者通过发展,缩小与其他高校的差距。也就是说,通过质量评价,不但可以评判一个高校教育质量的好坏,更重要的是能帮助学校诊断问题,使高校能够更

清楚地认识到自己与优秀学校的差距,找到努力的方向。

(二)评价体系设计的明晰性原则

高等教育质量评价体系明晰性的原则,一方面是指评价的目的、内容和要求都要明确、具体、清楚、明了。只有确立了明确的评价目的、评价内容、具体的评价要求,评价程序才能顺利开展,才能很好地达到评价的目的。所以,评价内容应紧紧围绕促进高等学校及师生自主的发展,明确要实现此目标的主要因素,并把此定为评价的核心内容。例如:应高度重视校园文化建设、人才质量的提高、学校专业与社会需要挂钩等方面的内容。尤其是对评价内容的每一个要素的具体内涵必须要做出明确、具体、翔实的界定,否则就会产生许多不必要的分歧,影响评价的实际效果。另一方面是指对评价者和被评对象提出具体要求,主要包括评价者的职责与任务、纪律和规定。例如:一方面,评价者要有高度负责、求真务实的精神,要公正、正直、秉公办事,要廉洁、廉明,不收礼品和礼金,等等。另一方面是对被评者的要求,主要包括:学校师生及员工从上到下要高度重视、真抓实干,要从细微处着手、从整体上去把握,要以评价为契机,实现自己学校又好又快发展。同时,评价的目的、内容和要求都要在评价活动开展之前,让评价者和评价对象了解与掌握,这样才能使评价对象有明确的努力方向和目标,才能让评价者懂得为什么要去评价、评价的内容是什么、应该怎样去评价。否则,评价者和评价对象在评价的实际工作中就会茫然而不知所措,其评价结果当然也不会令人满意。

（三）评价体系设计的可行性原则

高等教育质量评价体系的可行性原则,是指高等学校教育质量评价的对象具有可比性,指标体系具有可测性,评价工作具有简易性,从而保证评价工作顺利进行的原则。可行性要求评价工作要尽可能地用较少的指标、条目,较简便的方法、途径,反映出被评对象的本质属性和功能。开展高等教育质量评价的各项工作都要建立在具有可行性的基础上,要使高等教育评价在广泛的范围开展起来,必须使评价工作简易可行。这样,才可以使接受评价的单位把评价与改进工作结合起来,而不把评价工作当成一个负担。另外,一项评价工作的开展需要花费一定的人力、物力和财力,如果评价不能解决实际问题,不仅浪费了国家的财富,而且也给被评价对象造成了很大的负担,导致被评价对象的不满和反感。因此,评价体系的设计特别是评价具体指标的设计必须针对高等学校普遍存在的实际问题,特别要针对学校的办学定位和办学特色以及学生的实际能力等方面的问题。通过进一步完善评价指标体系,提高评价体系的可行性,突出被评价对象的个性和特色,对于促进高等学校的准确定位、提高被评学校学生的实际能力和创新精神都是非常有利和有效的。

三、专业与就业核心竞争力

高校现有的专业设置、组织结构显得不尽合理和规范,专业结构设置上存在盲目性、随意性,其结果造成人才积压和人才紧缺并存的结构性失衡。这必然导致"教育系统"与"就业系统"的错位,进而影响学生的就业,这也是导致一些专业"忽冷忽热"的深层原因之一。前几年,在人才市场热门专业和低办学成本的双重驱动下,许多高校不顾自身条件,盲目争上社会热门专业,造成部分学科专业规模严重失控的情况。大众高等教育的质量主要表现为社会适应性,因而市场竞争就成为大众时代高等教育质量保障的主要方式。而信息的完全程度,也就是信息在高校与外界(政府、社会和高校)之间以及高校内部各成员之间的对称程度直接影响着市场竞争的有效性。这样,高等教育领域内的信息对称程度就成为高等教育质量保障工作有效开展的重要影响因素。

仔细分析,高校自身办学特色不足,未能很好地根据产业经济和地方社区发展需要来设置优势专业,这是影响专业竞争力的一个必要条件,自然也影响到大学生对专业的归属与认同。专业的发展方向就是特色和竞争力、比较优势。如果没有特色、没有竞争力、没有比较优势,那么这个专业就不是一个好的专业。专业是高校人才培养工作的载体,专业设置的合理与否不仅关系到专业自身是否具有合理的存在逻辑,而且关系到高校所培养的人才是否具有较强的社会适应性。与此同时,社会需要的专业很多,但学校的资源是有限的。学校要在自己所能的范围内,扬长避短,培植优势,打造特色,以优势立足,以特色取胜。无论是单一性、精英式的传统质量观,还是多样性、大众式的现代质量观,都在一定程度上反映了不同时期的社会政治、经济和文化对高校教育的不同要求以及高校教育的价值取向。现代意义的高等教育质量观最主要的特点是"质量"和"质量标准"的多样化,强调高等教育质量评价标准的公正性、科学性和国际性,强调高等教育评价的"个性化"和"特色化"。

四、质量评价与经费结构

早在1993年,中共中央、国务院制定的《中国教育改革和发展纲要》中就明确提出:"逐步提高国家财政性教育经费支出占国民生产总值的比例,20世纪末达到百分之四。"从执行力度上看,教育经费支出占GDP的4.28%(2012)、4.16%(2013)、4.15%(2014)。教育经费已经连续几年超过4%。教育投入是现代政府公共财政支出的重要组成部分,高等教育是一种准公共产品,政府应主动承担起高等教育投入的责任。目前高校贷款问题固然与自身"造血功能"不足有关,财政拨款不足也是一个主要原因。市场化和产业化并不是政府推卸加大教育投资力度的借口,而是要自觉增加对高等教育的投资,因为对高等教育投资,也是人力资本投资的重要形式,是强国富民的重要途径。

如今,各国高校经费来源都呈现多元化的特点,各国高等教育经费的筹资渠道包括政府的财政收入、税收、学费、企业资助、捐赠、继续教育的收入及校办产业的创收等几个方面。美国筹措高等教育经费的主要渠道包括政府拨款、学费、销售与服务收入、捐赠及其他收入等。英国高等教育经费主要包括:政府拨款,其中主要是大学基金、研究资助、产学研结合筹措经费、学费、民间捐赠、招收留学生等方式。与国外高校经费来源相比,我国高校经费还是以政府投入和学费为主要来源,还需积极拓宽资金来源渠道,并提高为社会服务的水平和质量,进一步完善融资体制。与OECD(经济合作与发展组织)国家相比,我国的高等教育事业性经费支出结构中的人员经费支出比例明显偏低。为提高我国高等教育经费的使用效率,除关注建立相对合理的教育经费支出结构以外,还应高度关注建立科学、规范的高等教育支出绩效评价体系和制度,将教育支出结构与支出效率相联系,切实提高经费使用效率。

在高等教育质量评价过程中建立有效的激励与约束机制势在必行,政府一方面应加大教育投入力度,另一方面也应注重资源使用效率,使物尽其用,将教育经费的投入与质量评价结果结合起来。质量建设关系利益结构的调整,主要通过经济杠杆来实现。质量保障关注教育教学活动过程中行为准则的规范和调整,主要通过相关的质量制度和质量标准来实现。

第二节　高等教育管理质量评价体系的哲学探究

高等教育评价是对高等教育教学、学术研究、经营管理、社会服务等相关的系统、组织的评价。我国学者认为它是"以高等教育为对象,依据高等教育目标,利用一切可利用的评价技术和手段,系统地收集信息,并对其教育效果给予价值上的判断,为作出决策、优化教育提供依据的过程。"[①]

日本学者喜多村和之认为:"所谓的大学评价是从大学的社会制度到个别的高等教育机关的组织和机能所具

①李帅. 中国共产党领导高等教育的优势研究[D]. 长春:吉林大学,2022:21-22.

有的价值,依照一定的目的,在一定水准的基础上,作出科学判定的过程。"高等教育评价是一个复杂的过程,是以价值判断为核心,以与高等教育直接或间接相关的事物和人为对象,主要目的不在于价值判断的本身,而是通过价值判断,科学地利用其判断结果,优化高等教育,使其功能充分发挥。

哲学上的价值体现在主体与客体之间、需要与满足之间的关系,是客体所具有的属性同主体需要之间的一种特定的关系。高等教育的价值是高等教育主体与客体、需要与满足之间的关系,即高等教育的客体所具有的属性同高等教育主体需要之间的关系。主体的需要对于客体来说是否能够满足,其中存在着一种价值的判断,把这种价值判断进一步进行制度化就会形成评价制度。高等教育评价制度的形成不是偶然的,而是在高等教育不断发展的历史过程中形成的,并且不断地完善和发展。本书试图从高等教育评价的主体论、多元论等几个侧面来探究高等教育评价的本质。高等教育评价本质的研究,不但能够完善、丰富高等教育评价的理论体系,更重要的是能够促进高等教育健康的发展。

一、对高等教育评价主体论的辨析

在以知识经济为基础的社会中,随着高等教育规模的不断扩大,高等教育已经走进了"社会的中心地",高等教育的利益相关者也越来越多,他们都有权力对高等教育进行评价,并成为高等教育评价的主体。高等教育由谁来评价,将决定着评价的基本性质。由于评价主体的评价理念、目的、标准、内容等有所不同,与评价相关联的结果也不同。理论上高等教育利益相关者都有可能成为评价的主体,因此对他们一一进行论述,事实上是一件很困难的事情。那么,在现实的评价中,作为主体的是政府、国民,还是当事者? 我们以评价的对象为基准,把评价的主体分为作为当事者的高等学校和高等学校以外的政府、第三者部门来进行探讨。

(一)高校本身作为评价的主体

把高校自身作为评价主体的评价,我们将其称之为自我评价。实施自我评价的高校具有双重性质,既是评价的主体也是评价的对象。高校自我评价的理念和目的会直接影响评价的质量。就自我评价的目的而言不外乎有两个:一个是为了高校自身的生存和发展,提高市场竞争力,保障和提高教学、科学研究、经营管理、社会服务等各个方面的质量。这是一种纯粹性的自主自律的自我评价,它的动力来源于高校自身。另一个是为了应对来自高校外部的评价,在外部评价的压力下被动实施。因为外部的评价一般是在自我评价的基础上进行的,高校不得不实施自我评价,这在法律或制度上有新规定,并且外部评价的结果直接关系到高校自身的利益。这种自我评价可以称之为被动自评。我国的现实情况表明,高校实施的自我评价基本上具有上述两种因素。要想真正做到自主自律的自我评价,必须提高作为评价主体的高校对自我评价本质的认识。

自我评价主体的组成成员主要来自该高校的管理者、教职员及学生。为了保证自我评价的真实性和公正性,还应该有高校以外的代表参加。①从管理层和教职员中选出一部分较有影响力的代表、学生代表和校外的代表组成自我评价组织，在一定的办学理念指导下，按一定的评价标准和程序进行评价，形成评价结果，做成自我评价报告书，并将评价结果向高校内外公开。高等教育的教育主体是作为受教育者的学生，学生作为自我评价的组成成员之一，在理论上是最具有说服力的。可是在现实中，高校的自我评价组成成员里很少或者根本没有学生代表，受教育者的权力在评价中没有得到体现，这说明了自我评价在主体组成上存在着一定的问题，也是必须要解决的问题。

作为自我评价主体的高校应该切实肩负起评价主体的责任。如果自我评价与评价的结果只是停留在对自己所在高校的介绍甚至美化上，未免距离自我评价的本质相差甚远。自我评价如果不与高校自身的改善或改革联系在一起，就会失去自我评价的意义。自我评价必须做到客观、真实。高校应将其作为一种管理经营的手段，有效地利用自我评价的结果，找出学校在教育教学、科学研究、管理运营等过程中的优点和问题，这对高校制定改革发展计划有着重要的作用。通过自我评价进一步发挥高校的能动性，激发教师的积极性，努力改进教学，提高科学研究质量，改善经营管理水平，才能实现自我评价的真正目的。

（二）政府作为评价的主体

在一个国家或社会里，对于高等教育来说，其权力主导者就是国家及政府。国家对高等教育实施评价，其本身

①史秋衡，闫飞龙. 对高等教育评价哲学的探讨[J]. 评价与管理，2008,6(04):23-29.

就已经改变了原来的高等教育管理方式。国家要从高等教育所处的国内外形势、环境出发,宏观上把握高等教育的情况,制定发展政策。国家或政府作为评价主体的评价属于行政性评价或者政策性评价。

以国家或政府为评价主体的高等教育评价,通过转变教育行政部门管理职能,制定相关的法律或规章制度来加强和改进对高等教育工作的宏观管理和业务指导,强化对高等学校教育教学质量、办学条件等的监测和调控,其目的是为了促进高等教育事业持续、健康发展,保障和提高整个高等教育的质量,使之发挥更大作用。国家或政府多是通过设立直属的行政评价机构来具体实施评价。这些直属的国家行政评价机构代表国家意志,根据相关的评价法律文件等制定评价目的、目标、基准、规则、程序等,对高等学校进行评价。例如:我国于2003年正式成立了"中华人民共和国教育部高等教育教学评估中心"。这个中心是教育部直属的行政性事业单位,其主要任务是负责组织实施高等学校本专科教育的评估工作。研究生教育评估由国务院学位委员会办公室与教育部学位与研究教育发展中心负责。"中华人民共和国教育部高等教育教学评估中心"作为高等教育的评价主体之一,属于半官方机构,代表国家或政府的意志对高等教育实施评价,其评价属于行政性评价。

再者,这种评价实施的一个重要的前提是评价与资源分配有着直接关系。进一步来说,这种评价本身会成为资源分配的一种方法。为什么国家或政府能够成为高等教育评价的主体,这里涉及评价权力问题,或者说是资源分配权力的问题。资源分配的主体一般是资源拥有者或管理者。实际上,现在社会的特征显示,管理者是最具有资源分配权力的,他们与资源拥有者有着密切的关系,因而成为上位者。上位者评价与之相关联的下位者被认为是理所当然的,这种权威性来自资源的所有权。在规范哲学中,正义论认为:市场上的交换存在着截然不同性质的两种形式,一种是交换性正义,一种是分配性正义,前者在平等的基础上具有自主的性质,后者是在上下关系中存在着权威性。例如,在社会中上司评价下属,在学校里校长评价教职员、教师评价学生,这种上下级评价是现实中所存在的。那么,国家或政府为主体的高等教育评价就属于上级对下级的评价,它的权威来源于所属关系和资源的分配。

(三)第三者部门作为评价的主体

第三者部门作为评价主体对高等教育实施的评价称之为第三者评价。第三者评价机构是非高等院校、非政府性的,又与高等院校和政府有着密切关系,是非营利性的组织机构。它应该具有独立的法人地位,拥有自主权,是一种专门性较高的高等教育评价组织。第三者评价应该具有真实性、客观性、透明性、科学性等特点。评价结果应该向被评价的高校和整个社会公开,其主要目的在于为政府和高校的决策与改革提供咨询服务和重要依据,完善高等教育信息市场。第三者评价在保障和提高高等教育质量、优化高等教育结构、使高等教育可持续发展等方面发挥着重要的作用。

第三者评价的组织主要是由具有较高的责任感、丰富的高等教育经验的学者、专家等构成。组成成员多来自高校、高等教育研究、管理等部门。来源多样化的、由知名学者和专家组成的评价队伍,是第三者评价权威性的主要来源。这些知名的学者和专家凭借他们丰富的教育教学、研究管理等知识经验和理念,在国家高等教育方针政策的基础上,制定高等教育评价的目标、标准、指标、内容、方法、程序等,按照具体程序,本着高校自主与协商的原则,对高校进行评价。

高校已经实施了以保障和提高自身的教育教学、科学研究、经营管理为目的的自我评价,为什么还需要第三者评价?这里存在着"不识庐山真面目,只缘身在此山中"的一个哲理性问题。由于各高校的办学理念、发展的历史、类型、层次等有所不同,作为高校的最高决策者的管理经验和水平等也存在差异,在制定自我评价的目标、标准、内容、方法等方面存在着合理性问题,同时也存在着评价的过程、结果等是否真实、客观等问题。这些问题的发现及合理的解决方法的建议提出等需要一个科学的、客观公正的第三者来评价。

第三者评价的主体也应该多样化。一个第三者评价机构未必要对高等教育所有领域进行综合性评价,可以根据自己机构的组成成员的特点及实力,对高等院校的一个或部分领域实施评价,这样可以保障评价的专门性和科学性。像这样由多个具有专门性的第三者评价机构形成的第三者评价系统,如果能够真正地、充分地发挥系统功能,那么对于保障和提高高等教育质量就有着重要的意义。

二、对高等教育评价多元论的评判

多元论是在某些特定的场合,综合性的肯定和接受某种事物的多样性的立场或观点。对于事物而言,它的存在是由这种事物本身的价值决定的。价值多元主义是哲学性的伦理学之中的一种思想,其认为:在现实中,同等地存在着正确的、根本性的多种价值,这些价值是相互矛盾统一的,在多种情况下,它们之间是不能相互替换的,因为它们不具有客观的序列性。高等教育评价的多元化形成是因为这种评价本身存在着多元化的价值,它不仅表现在评价的多样化形式上,还因为它具有多样化的层次和内容。这种根本性主要来源于高等教育的多元化发展。在高等教育评价领域里存在着多元的评价主体、多元的评价对象、多元的评价标准等。

(一)评价主体的多元化

高等教育由谁来评价?这个"谁"就是评价的主体。主体之所以具有评价的权力,是因为它们是高等教育的利益相关者。随着高等教育的发展,高等教育的社会价值越来越大,所作用的社会领域越来越多,利益相关者也自然越来越多,多元化评价主体的产生也就成了一般性的道理。在现实中,多元化主体的产生还与一个国家的高等教育发展阶段、国民的民主性觉悟、具体的国情等有着密切的关系。

按照高等教育评价主体产生的顺序,应该是高等院校自身作为评价的主体最先登场,因为它所担负的高等教育的责任最直接、最重要。随着高等教育市场化的进程,作为高等教育消费者的学生和家长的民主意识不断提高,对高等教育的要求也不断增加,要求他们所购买的"产品"在质量上得到保障,在社会中得到认可。高等院校不得不在"产品"的附加值上下功夫,以赢得消费者的信赖和承认。把这种理念作为前提,高等院校就要付出实际行动,不断地用自己的手改善自己、改革自己,保障和提高自己的质量。从"入口"到"过程"再到"出口",不断地检查和评价,并把上一次的评价结果作为下一次评价的开始,循环往复,不断地进行改革和创新。

高等教育的发展也会反作用于国家与高等院校的关系。在高等教育不同的发展阶段,这种关系的体现也有所不同。他们之间由原来的"权力"和"义务"关系,逐渐地向"管理"和"责任"的关系转变。在"管理"和"责任"之间会存在一个"纽带"或"桥梁",这个"纽带"或"桥梁"就是评价。评价产生的同时就会出现评价的主体,国家对高等教育的评价其主体自然是国家或政府。国家或政府通过制定高等教育的大政方针来引导高等教育发展。高等教育大政方针的制定必须在国家高等教育事实的基础上进行,事实来源于评价的结果。国家或政府作为高等教育的评价主体的产生和存续,其价值是无法替换的,其意义十分重大。

在国家和高等院校之间存在着既"非此非彼"又"亦此亦彼"的第三者。第三者评价主体必须对国家和社会负责,与高等院校之间存在着平等、自愿、协商的关系。在"高等教育评价时代"的今天,第三者评价主体的产生和发展,既能够丰富高等教育评价的形式和内容,又能够客观、科学地保障高等教育质量,为高等院校接受外部评价提供更多的选择空间。它所存在的价值在于客观、公正、真实、科学、公开等,这种价值是其他任何评价主体都无法代替的。

评价主体的多元化是"高等教育评价时代"到来的基本特征。多元化的主体从不同的侧面对高等院校的教育教学、科学研究、管理经营、社会服务等各个方面进行检测、监察,对具体高校的改革与发展提出意见和方策,保障高等教育健康发展。

(二)评价对象的多元化

随着高等教育的不断发展,高等院校呈现出多类型、多层次的发展趋势,有国家直属高校、地方高校、民办(私立)高校、内外合作办学等,有研究型大学、教学研究型大学、教学型大学、高职高专等,有历史悠久实力雄厚的大学,也有新建本科院校等。这些多样化发展着的高等院校是与社会发展的需求相适应的,为社会发展培养各级各类、不同规格的人才。由于各高校的具体职能不尽相同,它们存在的价值也有所不同。正是这些职能、价值不同的高等院校的存在使高等教育评价的对象呈现出多样化。由于高等教育评价对象的多样化,相应地,高等教育评价的形式也会向多元化方向发展。

高等教育发展的历史表明,高等教育的功能在不断地扩大,高等学校的职能也在渐渐地增加,现在已经形成了被学界和社会公认的三大职能,即培养人才、科学技术研究、直接为社会服务。随着高等教育的发展还可能会出现更多的职能。就三大职能来说,高等院校是否真正地发挥了它的作用,或者如何保障和提高三大职能发挥作用的质量,需要对其进行评价。把高等院校的社会职能作为评价领域,这个领域也是多元的。评价领域的多元化也会影响到高等教育评价的多元化。

高等院校培养人才,目前为止主要是按着院系和专业来培养。由于高校的不同,所设的院系和专业也不同,同样名称的院系及专业在不同的高校,其教育教学、科学研究等的水平和质量也存在着差异。如何保障相同专业在培养人才和科学研究上的质量,近年来受到人们的关注。把专业作为评价对象,这个对象更加广泛、更加多元化。

高等教育评价对象的多元化会使高等教育评价出现多种类型。如根据评价对象的不同,会产生相对于研究型大学的研究型大学评价、相对于教学研究型大学的教学研究型大学评价、相对于教学型大学的教学型大学评价、相对于新建本科院校的新建本科院校评价、相对于高职高专的高职高专评价。根据评价领域的不同,也会出现相对于培养人才领域的教育教学评价、相对于科学技术研究领域的教育研究评价、相对于直接为社会服务领域的社会服务评价。把不同的院系或专业作为评价对象,就会形成多种专业评价。在这些评价之间存在着类型和层次的区别,它们既可以完善高等教育评价系统,也能够使高等教育评价向高度专门化方向发展。

(三)评价标准的多元化

高等教育从精英教育发展到大众化教育再到普及化教育,是在科技和经济发展到一定阶段,人们对高等教育追求的增加和国家及社会对高等教育需求不断扩大中形成的。它的原动力来源于高等教育的"内推"和"外引"。

"内推"就是个人对高等教育内在需求的增加,"外引"就是国家的高等教育政策制度。从高等教育哲学层面上讲,这是认识论和政治论相互作用的结果。高等教育是否能够满足个人、国家和社会的需要是高等教育评价的哲学依据。高等教育评价标准对于高等教育评价来说,是一个极其复杂而重要的问题。大众化及普及化阶段的高等教育,也存在着精英教育,这种复杂的教育形式决定了现在的高等教育评价标准应该是多元化的。

在多样化的高等教育市场需求之中,评价主体要充分考虑这种供求关系。在评价标准的制定上,应该具体从两个方面出发:一个是个人的需求,另一个是国家和社会的需求。

各高校各自在多大程度上能满足哪一类受教育者的需求,这是评价主体在制定评价标准的时候应该考虑的重点要素之一。围绕着培养人才和满足个人的需求,会涉及具体高校的各个方面要素,如:教育教学、管理运营、历史特色、地理位置、物质资源、师资构成、学生情况、专业设置、学科建设、学术科研、社会声誉、发展潜力等。

国家和社会的需求是随社会发展而产生的,并逐步呈现出多样化特征,是基于国家和社会的政治、经济与发展情况对劳动力、专门人才、科学技术等要求而产生的对高等教育支付能力的需要。这些需求主要来自政治、经济、文化、科技、人才等领域。评价主体在制定评价标准的时候,对于高校在多大程度上能够满足国家和社会的哪些需求,也是必须要考虑的重要因素。

由于高等教育发展阶段的不同、高等学校的类型和层次不同,在满足受教育者个人、国家和社会的需要程度的价值判断上也有所不同,因此,对其评价的标准也应该是多样的。高等教育评价主体如何制定评价标准,与这个主体判断高等教育的价值尺度有关,作为评价的主体必须清楚地把握现阶段的高等教育状况,国家和地区在政治、经济、科技等各个方面对高等教育的需求,并且能够科学地预测高等教育发展的未来,这是制定评价标准的基本前提。评价主体多元化,其评价的目的也有差异。评价对象多元化,其评价的内容也有所不同。因此高等教育评价标准也应该是多元的。

三、对高等教育评价政策的哲学分析

伴随着我国评价工作的开展和对高等教育质量的追求,从1985年国家颁布第一项高等教育质量评价政策,到如今评价贯穿各项有关高等教育质量工作的政策中,作为高等教育不可缺少的一个重要组成部分,高等教育质量评价政策经历了一个不断发展、不断成熟的过程。

(一)从战略设计上看,高等教育质量评价政策经历了一个由一般到具体的发展过程

1985年颁布的《中共中央关于教育体制改革的决定》指出:"教育管理部门还要组织教育界、知识界和用人部门定期对高等学校的办学水平进行评估。"这是我国政策中第一次对高等教育评估提出明确的概念和要求。此后,理论界围绕高等教育评估对象、目的、意义、评估标准、指标体系、评估方法、国外高等教育评估等展开了探讨。与此同时,由国务院、教育部(原国家教委)等制定的关于开展

高等教育质量评估的有关规定、条例、方案陆续出台。我们无需将这些30多年的文件罗列出来，但从我国高等教育质量评价政策的主要内容可以看出，我国高等教育质量评价政策从无到有，并且一直贯彻在各项加强本科教学工作的文件中，政策设计也从粗放式的简单要求到具体、详细的评价规范。如从评价概念和要求的提出到评价管理机构的职责划分，从初始的政策文件到以立法的形式确定高等教育评价，从高等教育宏观调控体系与评价制度的建立到不同科类高校开展教学工作评价制度的形成，从教育主管部门对高校的评价到建立高校内部教学质量检查监督的措施和办法，从教学工作水平评估原则的确立到对指标体系、等级标准、评估结论、评估方针的明确规定，政策设计的指向性越来越明确，对评估工作的指导和规范作用也逐渐加强。到目前，可以说在任何一项事关高等教育质量的政策中，评价都成了不可缺少的重要组成部分。

（二）从本质上看，高等教育质量评价政策经历了一个从工具性价值到目的性价值转变的过程

高等教育质量评价政策包括两个方面的价值：一是对高等教育质量评价的统筹规划、发展方向所制定的指导原则，主要是协调高等教育质量评价的内部关系；二是国家高等教育质量评价活动的方向和评价发展目标，主要是协调高等教育质量评价的外部关系。内部价值着重于解决高等教育质量评价活动的内部矛盾，即通过解决质量评价生存和发展的应然目标与实然状态之间的矛盾，最终达到使受教育者全面自由、和谐发展的目的。高等教育质量评价政策的内部价值，主要是以合乎质量评价和人的发展以及合乎的程度来评判。这种价值可以称之为高等教育质量评价政策的目的性价值。而评价政策的外在价值着重于解决高等教育质量评价的外部关系,具有一种国家功利主义的价值取向,称为工具性价值。从本质属性来说,高等教育质量评价政策的内在价值高于外在价值,高等教育质量评价政策的目的性价值高于工具性价值。

　　我国政府在评价政策制定过程中,坚持国家发展与高等教育质量保障的统一。一方面通过评价提高高等教育质量,视高等教育质量为其参与国际竞争和满足社会对人才需求的工具。另一方面,国家权力通过评价政策,调集大量资源发展高等教育并解决教育质量中出现的问题。在现阶段出台的评价政策中,相对突出的是第二个方面,即重视其内在价值,尊重高等教育自身发展的内在需求,引导高等教育质量评价各项工作规范、有序地发展,从而促进高等教育质量不断提高,为社会整体进步提供原动力。可以说,我国高等教育评价政策的演变过程是一个从工具性价值到目的性价值不断升华的过程。例如,1990年出台的《普通高等学校教育评估暂行规定》是第一次对高等教育质量评估进行立法,指明普通高等学校教育评估的主要目的是"增强高等学校主动适应社会需要的能力,发挥社会对学校教育的监督作用,自觉坚持高等教育的社会主义方向……更好地为社会主义建设服务",强调"普通高等学校教育评估应坚持社会主义办学方向,认真贯彻教育为社会主义建设服务、与生产劳动相结合、德智体全面发展的方针,始终把坚定正确的政治方向放在首位,以能否培养适应社会主义建设实际需要的建设者和接班人作为

评价学校办学水平和教育质量的基本标准"。政策行文中
"社会主义办学方向""高等学校主动适应社会需要的能
力""正确的政治方向放在首位"等措辞,彰显了高等教育
质量评价政策的工具性价值。到了1993年,《中国教育改
革和发展纲要》提出"建立各级各类教育的质量标准和评
估指标体系。各地教育部门要把检查评估学校教育质量
作为一项经常性的任务……对职业技术教育和高等教育,
要采取领导、专家和社会用人部门相结合的办法,通过多
种形式进行质量评估和检查。各类学校都要重视了解用
人单位对毕业生质量的评估",政策行文开始转向强调不
同类型高校的评估和不同形式的评估,转向对人的发展价
值的关注,倾向于促进受教育者全面自由、和谐发展的目
的。而其后的一系列评估政策,包括分科类高校评估、评
估的组织、评估的要求、评估的指标体系的变化、评估的措
施、方法的规范等,都是为了协调评估过程中的内部关系,
为了对评估进行统筹规划和发展进行指导,促使评估从实
然状态走向应然目标。

(三)从功能上看,高等教育质量评价政策经历了一个从基准控制的导向功能和奖优罚劣的调节功能向提高质量的管理功能的转变

　　教育政策的本质决定了教育政策具有导向、调节和管
理的功能,从而使教育政策具有客观的价值属性。高等教
育质量评价政策也是如此。20世纪80年代中期至90年代
中期发布的高等教育评价政策,赋予了质量评价基准控制
和奖优罚劣双重功能。1985年《中共中央关于教育体制改
革的决定》明确指出:"教育管理部门还要组织教育界、知

识界和用人部门定期对高等学校的办学水平进行评估,对成绩卓著的学校给予荣誉和物质上的重点支持,办得不好的学校要整顿以至停办。"1990年的《普通高等学校教育评估暂行规定》提出,高等学校教育评估是"对学校办学水平和教育质量作出评价,为学校改进工作、开展教育改革和教育管理部门改善管理提供依据"。这些都是通过评估对高等学校办学基准和质量进行控制的体现。此后的许多评价政策也关注了不同类型高校之间、不同集团之间的差异,有效地协调了它们之间的关系,保证了高等教育事业平衡有序地发展,为高等学校的分类发展奠定了基础。

从20世纪末至今,高等教育质量评价政策的功能则转向了对高等教育质量的管理,保障和促进高等教育质量的稳定和提高。1998年,教育部《关于深化教学改革,培养适应21世纪需要的高质量人才的意见》首先提出:"对高等学校教学工作进行评价是诊断学校教学工作,深化教学改革,促进教学建设和提高教育质量的重要手段,也是实施教学管理的重要方式。"

第三节　高等教育管理质量评价体系的实践要素

就高等教育的质量评价体系研究和高等教育质量保障体系研究而言,关于"质量评价"和"质量保障"这两个概念,本书在查阅文献和研究的过程中发现国内这两方面的研究和概念界定存在相互套用的情况。其实对于高等教育质量管理来说,高等教育质量评价和高等教育质量保障是既相互联系又相互区别的,这两个概念在高等教育质量观中有简单的区别,但是为使研究更加集中和有针对性,本书再次对其进行概念厘清。

高等教育质量评价指的是"以高等教育为对象,依据教育目标,利用一切可利用的评价技术和手段,系统地收集信息,并对其教育效果给予价值上的判断,为作出决策、优化教育提供依据的过程。"[1]也就是说,高等教育的质量评价体系实际上是建立在收集信息的基础上,以价值判断目的的过程。从世界高等教育发展来看,高等教育质量保障制度的普遍建立已经成为大势所趋。但是,西方发达国家的高等教育质量管理制度经验都说明质量保障制度是建立在质量评价制度之上的,也就是说质量评价是质量管理制度的基层建设,质量评价所得出的相关的价值判断和信息是质量保障和质量改进的基础数据。通过访谈国外相关大学内部评价管理人员和分析他们的评价报告,我们发现院校内部质量评价体系的完善需要充分发挥基层学术组织在专业发展、人才培养上的作用。

一、行政管理模式的转变

改变院处型的行政管理模式,确立知识型的学术基层组织制度。从理论上来说,学科是大学的细胞,是大学教学科研发展的基础所在。学科这些极其重要的单位,可以被看作是一种组织的基础。高等学校从整体上来说实质就是一个学术组织,是一个学科群的集合体,越到基层越

---

[1]周作宇. 论高等教育评价的交互性[J]. 上海教育评估研究,2021,10(05):1-7.

倾向于某一单一学科体系,这样才可能符合其整体学术性的要求。因此,基层组织的学科属性和学术特性是由大学与生俱来的特性决定的。教学、科研和为社会服务的大学三大职能,其实质都是知识创新。教学职能是通过人才培养达到知识的传承,继而为知识创新做准备;科研职能是通过科学研究直接进行知识的更新换代;为社会服务是建立在教学和科研基础上的。当然,这些知识创新需要制度保障,而以学科为基础的知识本体模式则成为此创新的重要载体,这样的基层制度建设才是成功而有效的。

知识本体模式的基层组织制度是人才培养创新的基础,它为课程多样化和灵活性的设置提供可能。只有建立在知识本体模式之上的课程设置、教学、评价,才可能给予授课教师最大的权限和责任。这样才可能保证在课程设置之前,授课教师有充分的主动性来进行市场分析、学生调查并根据相关信息具体设计出最符合知识发展的人才培养目标,或者是最符合学生需要,或者是最符合市场需求的课程内容、教学方式,并能够根据学生的评价来适时调整教学内容和教学方法。

以多样化课程组合而形成的模块课程学位制度必须建立在知识本体的基层学术组织模式基础上。"如果你正在寻找一个硕士学位,我们灵活的课程设计将在你需要的专业领域提供更加专业化的知识,并为你提供更加广泛的学习课程来整合在你的课程模块,以适应你个人兴趣和需要。当你并不确定你能够承担所有的硕士学位课程时,你也可以选择灵活的PCES的课程模式。"以上这段话正好说明了在同样的学位背后可以通过多样化的课程模块来满足多样化的学生需要和市场需要。而多样化的课程模块需要学科间的自由互动和交流。学科是相对独立的,知识是综合的,知识本体的基层学术组织建设将为这样的学科交流提供空间和可能。

反观院系实体模式,课程设置模式可能改变自下而上的知识出发途径,遵循自上而下的管理思维,从大学发展和社会发展需要出发,但是这样也会忽视知识、市场和学生发展需要。而站在知识前沿的教师则因为没有尽到基层发展责任而丧失参与课程设置的动力和机会。此外,在各自为政的院系实体中,学科间的交叉交流空间相当有限,封闭的院系封闭了学科交流的可能,学科孤立发展模式违背了知识融合的规律,这样只会导致学科发展越走越有限,人才培养机制越来越狭窄。知识结构的不合理导致创新型人才培养的空间相当有限。可见,只有符合知识发展规律的知识本位的基层组织模式才可能在大学的教学职能中、在人才培养内容和模式创新中有所作为。

二、内部评价制度完善

扁平式和分权并立的管理模式保证了大学内部评价制度的完善。该模式的形成符合质量管理"改进和转变"的理念。管理"精致化"是当代管理改革的趋势。扁平化强调压缩管理结构,减少管理层次,下移管理重心,提高信息传输效率,增强系统适应外界变化的灵活性。分权化强调分解权力、职能和责任,创设竞争环境,激发系统活力。但是,过分强调扁平化会影响管理结构狭义管理重心,可能导致中心管理事务过于庞杂;过分强调分权化则可能导致基层组织间的过分攀比竞争,二者的结合在大学的管理结构中表现得很清楚。一方面,大学中心的管理职能和权力、责任通过学部、学院各级组织逐级下放,首先实现分权管理;另一方面,中层管理学部的出现、学部数的减少既符合学科融合的趋势,也是整合管理层级的需要。2009 年英国南安普顿大学就南安普顿大学内部质量管理制度相关情况整理的资料中提道:"我们职能和政策的执行可能是三层结构也可能是两层结构,可能是从大学中心管理通过学部再到学院的正常传输过程,也可能就是从大学中心管理直接到学院,还有就是在学部和学院两级间解决的事务,当然一切都视具体事情而定。"

　　从管理结构来看,学术行政采用分立模式,行政服务学术理念稳固,不同学术部门间既为保持学术独立和自治性而相互分立,又通过学部为学科间的融合发展保持可能,这样的模式为教学、科研上秉承学术独立性提供了切实的内部保障机制。而通过大学层面的学部间的交流来从中观上推动基层学术组织的学科融合和发展,既符合知识发展的逻辑,也符合问题研究范式,更是一种加强大学内部良性竞争合作的管理模式,有利于促进以知识本位为基础的基层学术发展。学术和行政分立模式,一方面保证行政以学生服务为中心的工作理念,学术领域内以学部为统筹,以学院为主要教学科研单位,学院和中心的并立存在都为以研究引导教学的理念提供了可能;另一方面,学部减少,学科间融合趋势加强,加大了学科交流,打破学科壁垒,为教学法的相互学习提供了新的渠道。

第四节 高等教育管理质量评价体系构建的对策

一、高等教育质量评价主体的重构

高等教育的质量不仅关系到举办者、办学者的责任和利益,而且与社会、民众特别是受教育者的利益也密切相关,这就决定了多种力量要求对高等教育质量进行评价。[①]因此,要进一步推进高等教育质量评价的发展,还应丰富高等教育质量评价的主体,积极创建政府、学校和社会共同参与、联动协调的评价机制,使政府教育督导部门、社会中介教育评价组织和高等学校联合起来,围绕共同目标,从不同角度为高等教育质量提供客观、可信有效的评价。

(一)政府主体的职能转变

在计划经济时代,政府是高等教育资源的唯一投入者,也就成为唯一进行高等教育管理的权力主体,直接控制着高等教育质量评价的方方面面,承担着对高等教育的无限权力与无限责任。因而在传统的高等教育质量评价中,政府是唯一的评价主体,一切评价活动均以政府的价值观和利益需求为取向,重视对投入资源、办学条件的评价,忽视高等教育产出以及绩效评价,从而造成了责任机制的缺乏和效率的低下。随着高等教育管理体制、投入体

[①]张志远. 高等教育质量评价的问题探究[J]. 四川文理学院学报,2010,20(04):107-110.

制的不断改革,政府已不再是高等教育评价中唯一的权力中心,理应转变职能,减少对高等教育质量评价的直接干预,而让比其在这一领域更有管理优势的社会与高校承担更多的责任。但是,政府职能的转变并非意味着政府对高等教育责任的放弃,"政府只是从没完没了的琐碎小事所淹没的平原上撤退,进而在明朗的、可策略性'总揽全局'的制高点避难"。政府的主要职责是通过制定高等教育质量评价政策法规等,对评价机构的组成及其评价活动的实施加以规定、监控和调节,从而保证评价机构的权威性和评价活动的公正性。同时,政府及教育主管部门还要利用评价结果制定高等教育发展的有关规划,从总体上、宏观上调控把握高等教育的发展方向,控制高等教育的总体发展水平,并且通过某些其他方式促进高等教育质量不断改善与提高,使其更符合国家的利益需要。

(二)学校主体的功能发挥

国际高等教育质量保障机构网络组织(IN-QAAHE)在其发布的评估守则中明确提出:高等教育质量保障及其改进的主要责任在于高等院校。这既是英国高校教学质量评估改革、日本重视大学自我评估立法的基本经验,也是国际高等教育质量保障发展的共同趋势。但从我国目前的实际情况来看,高校在教育质量评价中的主体作用还没有得到充分的发挥,真正意义上的高校自我评价制度并没有建立起来。部分高校还缺乏自评的积极性和主动性,其所进行的自评只不过是政府评价的一部分,是为政府评价收集信息的过程,具有某种强制性,容易出现走形式主义、弄虚作假的现象。虽然部分高校内部也设有教学质量管理办公室或教学评估办公室,并定期开展评教、评学等评估活动,这的确是一种进步,但还远远不够。由于这些高校开展的自评,大部分都是阶段性临时性、应急性、总结性的,而没有作为学校的经常性工作,当然也就没有开展形成性、日积月累的自评工作,这也是当前高校自评耗费大量人力、物力、财力,却造成评估、教学颠倒的直接原因。要改善这种现状,就必须改变政府控制下的以为政府评价提供信息为目的的高校自评模式,变"要我评"为"我要评",自觉突出对质量指标的考核,强化内部质量保障体系的建设,自主地自下而上建立起自我发展、自我约束的高等教育质量内部评价体系。

(三)社会主体的积极介入

教育的社会评价是以教育系统外部的社会力量为主体,从社会发展和人民群众需要的角度,对教育行为或现象进行价值判断的活动。一般来说,高等教育的社会评价主体由各学术团体、专业协会、专门的社会评价中介机构、私人团体、毕业生雇主、新闻媒体等组成。他们代表了广大社会各利益集团的利益,都是高等教育的主要利益相关者。从国际高等教育质量评价的基本经验和发展趋势来看,未来最有公信力的评估结论将会来自与高校没有直接利益关系,能够站在公众角度同时兼顾政府指向、满足社会和学校的需求、能够在评价中保持"超然"态度、按公允的价值标准进行公正评价的组织。因此,在重构我国高等教育质量评价主体的过程中,还必须培植有公信力的教育评价中介组织,重视充分发挥由非政府的社会团体、民间组织以及公民个人参与高等教育质量评价的权力,并且促使他们更加有效地履行其应承担的责任和职能。中介机构应当有权在有关法律指导下确定评估标准,有权选择和培训评估专家并建档,有权在系统评估后独立做出结论。这样,通过建立专业、权威的中介评估机构,使社会各界、专业组织参与监督和评估教育质量,从而提高质量评价的民主性、公正性和科学性。同时,通过中介机构开展质量评价,还能较好地沟通政府与高校之间的关系,可以站在政府之外,冷静地思考政府对高等教育质量需求的合理性。

二、高等教育质量评价指标的重构

评价指标是开展教育评价的基础,也是评价活动的重要依据,它决定着评价活动的效果和效率。因此,要改进我国高等教育质量评价工作,真正发挥其应有的功能,保障我国高等教育质量的持续改进和提高,我们还必须优化高等教育质量评价的指标,着力构建我国高等教育质量评价的指标体系。

(一)评价指标的选取

根据评估学原理,一个评估系统的指标体系所反映的广度和深度,应当包含或者覆盖评价对象的全部本质属性。"高等教育的质量是一个多层面的概念,应该包括高等教育的所有功能与活动:各种教学和学术计划、研究和学术成就、教学人员、学生校舍、设施设备、社区服务以及学术环境等","还应包括国际交往方面的工作:知识的交换、相互联网、教师和学生的流动以及国际研究项目等"。因此,可以根据对高等教育质量概念的演绎,选择有代表性和可行性的指标,共同构成一个完整的指标体系,全面反映高等教育质量的各个方面,从而客观反映高等教育发展质量的优劣,为国家的宏观管理和相关决策提供真实有效的参考依据。对此,国内学者进行了积极的理论探索,已产生了大量的研究成果。而颁布实施的《国家中长期教育改革和发展规划纲要(2010—2020年)》也在文本中多次提到质量标准的建设问题,充分体现了国家层面的高度重视。限于篇幅,本书将不对高等教育质量评价指标的确立作详细探讨。需要指出的是,评价指标的完备性固然是我们追求的目标之一,但过于重视细枝末节则会导致评价信度的减低。因此,在确定高等教育质量的评价指标时,还应在保证评估目标能够得到充分体现的前提下力求简易,选取的评价指标要简明且易于操作,同时要有易于观察和收集的确切的数据来源,并最大限度地避免使用主观色彩过于浓厚的综合性指标。这样评估起来,收集信息方便,费时少,主评人员容易掌握,便于配合,误差较小,从而既能保证评估结果的可靠性,又能使评估体系达到简单、经济、实用的要求。

(二)指标权重的设计

高质量的高等教育标准是高度概括性的、抽象的,它涉及许多方面的目标,包括条件、过程和输出成果方面的高质量。因此,评价指标就必须把这些高度概括性、抽象性的目标细化成具体化的、可测量的、行为化的、可观测到的标准,以此作为评价的依据和准则。但由于每个指标只能反映某一方面的目标,不同的评价指标在判断评价对象达到预定目标的程序中,所起的作用是不相同的。为了使每项指标发挥其应有的作用,就必须赋予各评价指标以不同的权重,也即根据相关要求(如教育目标、人才培养质量等),运用一定的方法对指标体系中的各要素进行层级分解与权重设计。专家咨询法(Delphi)和层次分析法(AHP)是确定指标权重的两个常用的方法,它们都属于主观判断法,主要根据专家对各指标重要程度的判断,实现定性到定量的转化,得到各指标的权重。其中,层次分析法是根据评估目的,将指标层层细化,由专家对各指标进行两两比较,判断低层各指标对其上层指标(或上层准则)的相对重要性,并将其相对重要性赋予一定数值,构造两两比较判断矩阵,然后通过若干步骤,计算求得各指标权重的数值。专家咨询法则是多轮征求专家意见,具有置名、反复和结果收敛的特点。对高等教育质量评价而言,由于其评价指标的内涵和外延均十分丰富,因此,在设计指标权重时,不仅要考虑各指标在理论上的相对重要程度,还应考虑各指标的特点、实际应用中的局限性和效果,从而提高权重设计的合理性。同时,由于高等教育质量评价的指标数值不是固定的,它可以根据不同时期、不同地域等影响因素进行调整,以反映质量标准逐渐更高的程度变化。因此,我们还应及时对评估数据和结果进行系统分析,及时总结经验和不足,在以后评估实践中逐步调整并完善权重。

三、高等教育质量评价方法的重构

高等教育质量评价的方法很多,但没有哪一种评价方法和手段是绝对优异的,它们都有各自的适应范围,只有将多种方法结合起来,发挥各自的优势和作用,才能从不同的侧面反映实际状况,增强评价的准确性。因此,在评价高等教育质量时,还应使用综合化的评价方法。具体来说,就是要实现"三个相结合"。

(一)定量评价与定性评价相结合

定量评价是采用数学的方法,收集和处理数据资料,对评价对象做出定量结果的价值判断。如:运用教育测量与统计的方法、模糊数学的方法等,对评价对象的特性用数值进行描述和判断。定量评价强调数量计算,以教育测量为基础。它具有客观化、标准化、精确化、量化、简便化等鲜明的特征。它在一定程度上满足了以选拔、甄别为主要目的的教育需求。定性评价是根据评价者对评价对象平时的表现、现实和状态或文献资料的观察和分析,直接对评价对象做出定性结论的价值判断。如:评出等级、写出评语等。定性评价是利用专家的知识、经验和判断进行评审和比较的评价方法。定性评价强调观察、分析、归纳与描述。高等教育质量的构成要素(如规格、效益、特色等),既有确定性又有不确定性。这就要求对高等教育质量所实施的评价与控制必须遵循定量与定性相结合的原则,凡是能够用一定数量确定的,应尽量给出定量要求。而对一些抽象层次高、找不到典型价值事实的评价对象,则应以定性评价为主。如办学理念、办学特色、校风学风等,难以进行定量评价,需要用定性判断来加以补充。唯有如此才有可能做到评价与控制的客观、公正和全面。

(二)单项评价与综合评价相结合

单项评价是对评价对象在某一方面的评价,或者指评价对象在某一时间范围内的工作评价。单项评价不仅能为改进某一方面的工作提供依据,而且能为被评价者提供今后工作努力的方向。缺少单项评价会导致综合评价结论的表面化和简单化,因此单项评价是综合评价的一个重要组成部分。综合评价则是用动态的、发展的眼光,对评价对象工作的各个环节进行系统的、全程的、较长时期的、循环反复的评价。综合评价不是单项评价的累加,而是对被评价者全方位的、多角度的、综合各种因素的系统评价。没有综合评价,就无法全面了解评价对象的工作表现,无法把握评价对象的发展倾向和发展需求,也无法修正评价过程中由晕轮效应、趋同效应等引起的各种偏差。高等教育本身是一个多边系统,而这些系统又有相对独立性,质量评价需要与各层次的教育活动同步进行,以判断各层次、各方面的效果,从而改进各层次、各方面的工作。因此,实施高等教育质量评价,必须坚持单项评价与综合评价相结合,这也是教育评价的一项基本方法。

(三)静态评价与动态评价相结合

静态的认可性评价的重点在于高等院校现在达到的实际水平,判断其是否符合一定的质量标准,并据此予以认可。认可性评价较重视评价的统一性,其标准多为静态标准,即针对稳定的教育任务,依据既定的教育目标而编制的评价标准,目的是考核教育任务完成的程度和水平,且是相对稳定的。动态的发展性评价则更注重从改革和发展的角度对高等学校在改革中表现出来的活力、适应能力和创新能力进行动态评价。发展性评价则重视评价标准的变化、多样化以及高等学校的办学特色。因为从动态和改革的观点评价高等教育的发展,必须允许甚至应当提倡各所高校制定自己的特色评价标准,或者评价者针对不同的高校制定不同的发展性评价标准。对高等教育而言,其质量保障和质量提升是一项复杂的系统工程,不是一蹴而就可以完成的,也不是一劳永逸就可以实现的。仅仅依靠静态评价不能反映整个发展过程,也无法把握其发展方向。因此,在对高等教育质量的评价中,必须坚持静态评价与动态评价相结合,但要以动态评价为主。

参考文献
REFERENCES

[1]杰夫·惠迪,萨莉·鲍尔,大卫·哈尔平.教育中的放权与择校学校、政府和市场[M].马忠虎,译.北京:教育科学出版社,2003,16.

[2]白瑞.美国高等教育大众化经验及借鉴价值[J].湖北第二师范学院学报,2017,34(05):101-106.

[3]曹光荣,黎嫦娟.关于高校治理结构理论和实践问题的思考[J].当代教育论坛,2005(15):81-84.

[4]崔岐恩,张晓霞,姜朝晖.解析我国高校去行政化[J].教育导刊,2011(02):59-63.

[5]当智吉.教育管理信息化建设[J].商业文化,2021(35):54-55.

[6]贾俊菊,张树国.创新高等教育管理培养高素质人才[J].中国人才,2011(14):235-236.

[7]姜晓平,藤井穗高.日本国立大学法人化进程研究[J].河海大学学报(哲学社会科学版),2007(01):54-60+92.

[8]靳培培,周倩.普及化阶段高等教育人才观的重塑与践行策略[J].当代教育与文化,2021,13(06):93-101.

[9]乐传永,李梦真.近20年我国高校继续教育治理研究的热点与发展[J].现代远程教育研究,2019(02):67-75.

[10]李淑君.中美高等教育行政管理体制比较研究[J].中国电力教育,2010(25):5-7.

[11]李太平,张怀英.高校行政化内涵辨析[J].高教发展与评估,2021,37(01):20-28+113-114.

[12]李旭芝.高校教学管理制度建构的多重逻辑[J].中国农业教育,2021,22(04):82-89.

[13]秦福利.高等教育质量:内涵、特征与对立统一性分析[J].黑龙江高教研究,2021,39(03):35-40.

[14]史秋衡,闫飞龙.对高等教育评价哲学的探讨[J].评价与管理,2008,6(04):23-29.

[15]苏丽锋,张倩倩.新发展格局下的高等教育改革探析[J].开放学习研究,2021,26(06):1-7.

[16]王建华.高等教育质量管理——组织的视角[J].高教探索,2009(05):13-19.

[17]王伟宜,董照星.我国大学学部制构建现状与未来走向[J].绍兴文理学院学报(教育版),2020,40(02):2-8+137.

[18]吴建南.改革创新:进一步全面深化改革的方法论[J].探索与争鸣,2018(09):39-41.

[19]宣勇,伍宸.论高等教育发展的"中国之治"[J].高等教育研究,2021,42(02):1-13.

[20]叶春涛.当前发展我国成人高等教育的思考[J].中

外企业家,2013(03):201-203.

　　[21]张志远.高等教育质量评价的问题探究[J].四川文理学院学报,2010,20(04):107-110.

　　[22]周作宇.论高等教育评价的交互性[J].上海教育评估研究,2021,10(05):1-7.